现代古典经济学

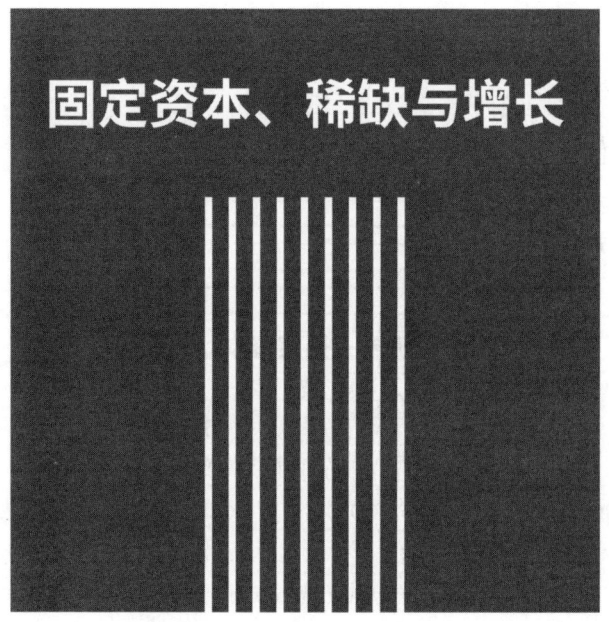

固定资本、稀缺与增长

黄 彪◎著

中国财经出版传媒集团
经济科学出版社
Economic Science Press

图书在版编目（CIP）数据

现代古典经济学：固定资本、稀缺与增长／黄彪著．
—北京：经济科学出版社，2022.4
ISBN 978-7-5218-3493-2

Ⅰ．①现… Ⅱ．①黄… Ⅲ．①古典经济学-研究 Ⅳ．①F091.33

中国版本图书馆 CIP 数据核字（2022）第 044654 号

责任编辑：侯晓霞
责任校对：王京宁
责任印制：张佳裕

现代古典经济学：固定资本、稀缺与增长
黄 彪 著

经济科学出版社出版、发行 新华书店经销
社址：北京市海淀区阜成路甲 28 号 邮编：100142
教材分社电话：010-88191345 发行部电话：010-88191522
网址：www.esp.com.cn
电子邮件：houxiaoxia@esp.com.cn
天猫网店：经济科学出版社旗舰店
网址：http://jjkxcbs.tmall.com
北京密兴印刷有限公司印装
710×1000 16 开 10.75 印张 150000 字
2022 年 4 月第 1 版 2022 年 4 月第 1 次印刷
ISBN 978-7-5218-3493-2 定价：45.00 元
（图书出现印装问题，本社负责调换。电话：010-88191510）
（版权所有 侵权必究 打击盗版 举报热线：010-88191661
QQ：2242791300 营销中心电话：010-88191537
电子邮箱：dbts@esp.com.cn）

前　言

本书是对现代古典经济学一些理论问题的论述。现代古典经济学是指斯拉法（Sraffa）之后复兴的古典理论体系，这一理论体系一般也被称为斯拉法经济学或新李嘉图经济学。在本书中，我更倾向于使用现代古典经济学这个名称。原因有二：第一，斯拉法经济学或新李嘉图经济学这两个名称往往是反对者用于批判的目的所采用，比如哈恩（Hahn，1982），具有一定的否定性意味。第二，斯拉法做的工作（编辑整理《李嘉图著作和通信集》、出版《用商品生产商品——经济理论批判绪论》）是将古典理论从新古典的错误解释中解放出来，并重新构建古典理论体系。虽然斯拉法本人的贡献十分重大，但现代古典理论后来的发展不仅局限于斯拉法本人的工作。按照隆卡利亚（Roncaglia，2005）的总结，斯拉法之后对古典经济学的重建是沿着斯密、李嘉图和马克思三条路径进行的，也就是说，将这一理论流派的发展只局限于斯拉法或李嘉图稍有些狭隘。所以在本书中采用现代古典经济学这一称谓，但鉴于后两个称谓较为普遍，在本书中这三个名称也是等同的。

斯拉法之后，有很多学者进一步发展和完善了现代古典经济学的理论研究，形成了大量的重要成果、学术专著，如帕西内蒂（Pasinetti, 1977）、库尔茨和萨尔瓦多里（Kurz and Salvadori, 1995）、比达尔（Bidard, 2004）、舍福尔德（Schefold, 1989；1997）、梅因沃林（Mainwaring, 1984）等，对于一些专题问题也出版了不同的论文集和研究专辑，如帕西内蒂（Pasinetti, 1980）、斯蒂德曼（Steedman, 1989）、萨尔瓦多里和斯蒂德曼（Salvadori and Steedman, 1990）等。那么本书讨论的一些理论问题的意义何在？

实际上，现代古典经济学学者除在斯拉法的基础上，进一步发展和完善单一生产、联合生产、技术选择、地租等领域的研究外，也不断吸收凯恩斯、卡莱斯基等人的思想，在经济增长、有效需求、货币金融等问题上也取得了较多的进展，同时研究的领域也在不断扩展，如斯蒂德曼（Steedman, 1979）在对外贸易理论方面研究，近期对于差异利润率的研究（D'Agata, 2017；Zambelli, 2018）、规范理论（D'Agata, 2021）、经验研究（Han and Schefold, 2006；Schefold, 2013）等，也就是说现代古典经济学在理论和经验方面仍然存在较大的研究空间，仍然有很多研究问题有待解决。相对于上述一些经典著作，本书只是对解决这些问题的一种尝试。

具体而言，本书包括七章：

第一章为现代古典经济学简介，主要对现代古典经济学的基础理论（单一生产、技术选择、联合生产、地租等）进行概要介绍，为后文论述做铺垫。

第二章为新古典理论问题的再批判，主要介绍20世纪70年代"资本争论"以来现代古典经济学家对新古典理论的批判，特别是对现代版本新古典理论逻辑问题批判的系统介绍，即"资本争论"第二阶段对新古典理论的批判内容。

第三章为现代古典体系下固定资本问题研究综述。斯拉法复兴了古典理论以联合生产来研究固定资本的分析方式，这种方式不仅避免了新古典理论的逻辑缺陷，而且为从新的角度研究固定资本问题提供了思路。最近一些关于可转移机器的模型研究不仅重新激发了对固定资本问题的研究兴趣，也改变了对已有理论的一些认识。这一章在构建了一个一般性的框架的基础上，对各固定资本模型的特点、性质进行了详细的讨论。

第四章为现代古典体系下固定资本模型的扩展。从第三章的综述可以发现，在固定资本的理论中较少有研究讨论可转移机器（同一台旧机器可以被用于不同部门商品的生产）。这一章构建了一个带有可转移机器和联合使用机器的固定资本模型，并进一步讨论了该模型的特点和性质。这一章的模型在一定程度上弥补了原有研究的空白。

第五章是一个可耗竭资源理论模型。可耗竭资源理论中一个重要的命题是霍特林法则（Hotelling rule），根据这一法则可耗竭资源的价格需要不断上涨。资源被广泛用于生产能源，而能源一般又是基本商品，因此霍特林法则似乎意味着所有商品的价格应该发生变化，这对坚持长期分析方法的古典经济理论产生了一定的挑战。这一章基于现代古典理论的分析框架，融合了李嘉图和霍特林关于可耗竭资源问题的思想，构架了一个动态多部门经济模型，并分析了模型的特点。

第六章为需求拉动型地租理论扩展。继斯拉法之后，对于地租理论的研究的大都是假设最终需求给定，并形成了扩展型级差地租、密集型级差地租和外部级差地租等几种地租类型。在古典理论下，最终需求一般为收入分配关系的函数，萨尔瓦多里（Salvadori）将分配与需求的关系引入到地租理论中并发现了一种新型地租，被他称为需求拉动型地租。这一章将技术选择问题引入需求拉动型地租模型，并讨论成本最小化生产技术的特点。

第七章为结构化斯拉法超级乘数的构建与应用。与新古典增长理论不同，非主流经济增长理论一般都认为经济增长是需求拉动的。这一章是对一种需求拉动型经济增长理论——斯拉法超级乘数模型的理论扩展和经验应用。在对斯拉法超级乘数模型进行必要介绍的基础上，这一章基于现代古典理论构建了结构化的超级乘数模型，同时利用中国数据，围绕扩大内需的经济增长效应这一问题展开了经验研究。

本书虽然以现代古典理论为研究内容，但实际在很多领域都没有涉及，如货币与金融问题、对外贸易问题、生产价格的收敛问题等，这些都仍存在较大的研究空间。对于这些问题，借鉴斯拉法在《用商品生产商品——经济理论批判绪论》序言中的一段话："我现在发表的这套命题有一个特征，虽然它们没有对价值和分配的边际学说进行任何讨论，它们仍然是为了作为批判那一学说的基础而设计的。如果这个基础站得住，那么以后可以进行这种批判，或者由著者进行，或者由年轻的和对此任务有更好准备的人进行。"①

同样，我借鉴这段话作为这篇简短前言的结语：如果本书提供的基础站得住，那么以后的理论建设，或者由著者进行，或者由年轻的和对此任务有更好准备的人进行。

本成果受到中国人民大学 2021 年度"中央高校建设世界一流大学（学科）和特色发展引导专项资金"支持。

黄彪

2022 年 1 月

---

① 斯拉法. 用商品生产商品——经济理论批判绪论 [M]. 北京：商务印书馆，1991：7.

目　录

第一章　现代古典经济学简介 ………………………………………… 1
　　第一节　斯拉法与古典理论的复兴 ……………………………… 1
　　第二节　单一生产体系 …………………………………………… 3
　　第三节　标准商品 ………………………………………………… 10
　　第四节　技术选择与成本最小化技术 …………………………… 13
　　第五节　联合生产与地租 ………………………………………… 15

第二章　新古典理论问题的再批判 …………………………………… 21
　　第一节　"资本争论"第一阶段 ………………………………… 23
　　第二节　"资本争论"第二阶段与现代新古典理论的逻辑问题 …… 29
　　第三节　长期分析方法：从古典到传统新古典 ………………… 33

第三章　现代古典体系下固定资本问题研究综述 …………………… 36
　　第一节　固定资本理论的古典复兴 ……………………………… 36

第二节　固定资本模型的共有假设和基本定义 …………… 39
第三节　机器使用效率不变的固定资本模型 …………… 42
第四节　使用效率可变的非转移单一机器模型 …………… 44
第五节　使用效率可变的非转移联合使用机器模型 …………… 48
第六节　非联合使用可转移机器模型 …………… 50
第七节　可转移机器模型的发展与争议 …………… 52

第四章　现代古典体系下固定资本模型的扩展：一个带有可转移与联合使用机器的模型 …………… 55

第一节　基本定义和模型假设 …………… 57
第二节　技术选择问题 …………… 65
第三节　关于修正的统一效率路径公理的进一步讨论 …………… 76
附录　引理4.2中关于 q_n'' 存在性的证明 …………… 79

第五章　基于动态投入产出框架的可耗竭资源理论模型：李嘉图与霍特林思想的融合 …………… 81

第一节　现代古典理论体系下对可耗竭资源问题的讨论 …………… 82
第二节　基本模型 …………… 84
第三节　模型解存在的充分必要条件 …………… 92
第四节　可耗竭资源与恒定的商品相对价格 …………… 98

第六章　需求拉动型地租理论扩展 …………… 105

第一节　基本假设和分析框架 …………… 106
第二节　一个数值例子 …………… 111
第三节　技术选择 …………… 117

第七章　结构化斯拉法超级乘数的构建与应用 …………… 127

第一节　经济增长理论的非主流路径 …………… 128

第二节　斯拉法超级乘数模型概述 …………………… 131

第三节　结构化超级乘数及其性质 …………………… 135

第四节　结构化超级乘数的应用 ……………………… 140

参考文献 …………………………………………………… 149

第一章
现代古典经济学简介

第一节 斯拉法与古典理论的复兴

现代古典经济学是指斯拉法（Sraffa）之后复兴的古典理论体系，这一理论体系一般也被称为斯拉法经济学或新李嘉图经济学。在本书中，这三个名称是等同的。

在介绍现代古典理论之前，首先简单介绍一下斯拉法其人。① 斯拉法1898年出生于意大利都灵，他的父亲是意大利著名的法学教授，曾在意大利多所大学任职。由于父亲工作的原因，斯拉法早年曾先后在帕尔马（Palma）、米兰和都灵学习。1917~1920年斯拉法服兵役。1920年，斯拉法完成了学位论文。

斯拉法一生的著作和出版物非常少。1922年，斯拉法发表了两篇关于意大利银行问题的论文，引起了意大利法西斯政府的强烈反感。1925年，斯拉法用意大利语发表了一篇批判马歇尔局部均衡理论的文章，该文章引

---

① 对斯拉法及其思想的一般性介绍，可以参考 A. Roncaglia. Piero Sraffa [M]. Macmillan, 2009; Jean-Pierre Potier. Piero Sraffa—Unorthodox Economist (1898 - 1983): A Biographical Essay [M]. Routledge, 2005.

起了埃奇沃斯（Edgeworth）的关注。作为《经济学杂志》的联合主编，埃奇沃斯邀请斯拉法撰写一篇英文文章，并于1926年发表。1926年的论文对马歇尔的局部均衡做了非常系统的批判，并对后来罗宾逊和张伯伦的不完全竞争理论的发展起到了重要的作用。1927年受凯恩斯的邀请，斯拉法到英国剑桥大学出任讲师职位。在剑桥斯拉法讲授了"价值理论史"和"德国意大利银行制度运行"两门课，但由于他不善长在公共场合讲演，最终放弃了讲师职位。此后，斯拉法一直担任三一学院的研究员和剑桥大学图书馆的管理员。20世纪30年代初期，同样受凯恩斯推荐，他开始整理出版《李嘉图著作和通信集》。这部全集经过20年的整理于1951年至1955年出版，共十卷。斯拉法在每一卷都撰写了编者序言，一般认为这部全集的出版将李嘉图的理论从新古典的错误解释中解放出来。1954年，斯拉法同罗宾逊夫人等到访中国。1960年，斯拉法出版了其极具影响力的著作《用商品生产商品——经济理论批判绪论》，这本短短90几页的著作却在经济学界引起了巨大的反响。1961年，斯拉法获得了瑞典皇家科学院颁布的南德斯特伦金奖（Södeström Gold Medal）。1983年，斯拉法在剑桥去世。①

《用商品生产商品——经济理论批判绪论》虽然在1960年出版，但其最早的思想在20世纪二三十年代已经形成，这本书是斯拉法经过30年的雕琢和准备才出版的，出版后引起极大争论，但斯拉法本人基本不参加相关的争论。该书一方面复兴了古典理论的分析传统，在斯拉法之后，对古典理论的初步重建是沿着三个路径进行的（Roncaglia，2005）：帕西内蒂对李嘉图理论的重建，加雷尼亚尼（Garegnani）对马克思理论的重建，西洛斯·拉比尼（Sylos Labini）对斯密理论的重建。另一方面，如《用商品生产商品——经济理论批判绪论》的副标题所言，该书开启了对新古典理论逻辑缺陷的批判。本书第二章将详细说明对新古典理论的批判。

---

① 斯拉法去世后留下了很多手稿、书信和日记，电子版可以在剑桥大学三一学院的网站上查阅：https://archives.trin.cam.ac.uk/index.php/papers-of-piero-sraffa-1898-1983-economist。

斯拉法在《用商品生产商品——经济理论批判绪论》一书中讨论了单一生产体系、联合生产体系和技术选择问题，本章仅对这些问题进行简单介绍。单一生产体系与另一种多部门线性生产理论模型——投入产出分析十分相似，但与列昂惕夫（Leontief）不同，斯拉法更关注收入分配、生产技术和价格体系，而非数量体系。同时，列昂惕夫更看重经验研究的重要性，而斯拉法更关注理论体系的逻辑一致性。和斯拉法名字联系在一起的除了列昂惕夫之外，还有重要的经济学家冯·诺依曼（von Neumann）。冯·诺依曼的经济增长模型通常被新古典理论解释为瓦尔拉斯一般均衡模型的现代表述，但实际上，更加细致地分析显示冯·诺依曼的模型与斯拉法体系一样具有古典经济传统，如冯·诺依曼模型对固定资本的处理、对工资率的处理、对生产过剩商品的自由处置等都具有古典理论特征。尤其在处理联合生产的技术选择问题时，冯·诺依曼模型相对于斯拉法提出的方式而言，更具有优越性。

第二节 单一生产体系

一、基本假设与生产技术

假设经济体处于一种自由竞争的状态。在自由竞争的条件下，资本和劳动力可以在各部门间自由流动，各部门在长期会形成统一的利润率和工资率。假设经济中有 n 种商品，这些商品是在一定的生产技术条件下利用商品和劳动生产出来的。生产技术是由生产不同商品的生产过程构成，每一个生产过程是一组投入和产出的组合。假设每一个生产过程生产且只生产一个产品，即单一生产，同时假设规模报酬不变。此外，土地等自然资源暂时被假定为是不稀缺的。

具体的，一个生产过程 i 用 (a_i, b_i, l_i) 来表示，其中，a_i 表示 $(n \times 1)$

维的商品投入列向量①，l_i 表示劳动投入标量，b_i 表示（$n \times 1$）维的商品产出列向量。由于仅考察单一生产的情形，对于每一个生产过程，b_i 只有一个元素为正，其他全部为 0。②一个生产技术被定义为 n 个生产过程，且每个生产过程生产一种不同的商品。一个生产技术用 (A,B,l) 来表示。将所有的生产过程进行重新排列，令第一个生产过程生产第一种商品，第二个生产过程生产第二种商品，以此类推，第 n 个生产过程生产第 n 种商品，那么 (A,B,l) 分别具有如下形式：

$$A = (a_1, a_2, \cdots, a_n)^T$$
$$B = (b_1, b_2, \cdots, b_n)^T$$
$$l = (l_1, l_2, \cdots, l_n)^T$$

为了使得 (A,B,l) 具有经济含义，需要对生产技术进行一些界定，假设下面的条件成立。

假设 1.1：生产任何一种商品都需要一定的商品投入，即：

$$e_i^T A \geq 0 \quad i = 1, 2, \cdots, n$$

其中，e_i 为第 i 个单位向量。

假设 1.2：所有商品都可以被生产出来，即：

$$Be_j \geq 0 \quad j = 1, 2, \cdots, n$$

假设 1.3：劳动直接或间接进入所有商品的生产，即：

$$\forall \varepsilon > 0, (x \geq 0, x^T(B - \varepsilon A) \geq 0) \Rightarrow x^T l > 0$$

由于假设规模报酬不变，可以将每一个生产过程进行标准化处理，即令所有的生产过程都生产 1 单位商品。举例来说，如果第一个生产过程生

---

① 除特殊说明，本书中所有向量均为列向量，行向量用列向量的转置来表示，上标 T 表示转置。

② 如果 b_i 多于一个元素为正，则是联合生产的情形。

产 1 单位的商品 1，那么该生产过程的商品投入和劳动投入分别变为 $\frac{a_1}{b_{11}}$ 和 $\frac{l_1}{b_{11}}$，其中，b_{11} 为 b_1 的第一个元素。从生产技术的角度来看，由于产出矩阵 B 是对角矩阵，所以 B^{-1} 是存在的，标准化的生产技术则为 $(B^{-1}A, B^{-1}l, I)$。为了简化符号，本章用 (A, l, I) 或 (A, l) 表示标准化的生产技术。

二、基本商品与非基本商品

基本商品和非基本商品是一组重要的概念。一种商品被称为基本商品，当且仅当这种商品直接或间接的进入所有商品的生产。如果一种商品不是基本商品，则被称为非基本商品。基本商品与非基本商品的概念与古典理论中必需品和奢侈品较为类似，只不过后两者是从消费角度做的区分，而前两者是从生产角度做的区分。如果商品 j 直接或间接地进入商品 i 的生产，或商品 i 的生产直接或间接消耗商品 j，就意味着：

$$e_i^T(A + A^2 + A^3 + \cdots + A^n) e_j > 0 \quad (1-1)$$

如果商品 j 是一种基本商品，那就意味着：

$$(A + A^2 + A^3 + \cdots + A^n) e_j > 0 \quad (1-2)$$

当所有的商品都是基本商品时，技术矩阵 A 满足式（1-3）：

$$(A + A^2 + A^3 + \cdots + A^n) > 0 \quad (1-3)$$

从数学性质上来说，式（1-3）成立等价于 A 是不可分解矩阵。

定义 1.1：一个 $n \times n$ 矩阵 A 被称为可分解的，如果存在一个置换矩阵 P 使得：

$$P^{-1}AP = \begin{bmatrix} A_{11} & A_{12} \\ 0 & A_{22} \end{bmatrix} \quad (1-4)$$

其中，A_{11} 和 A_{22} 是子方阵。如果上述形式是不可行的，那么 A 被称为是不可分解。

三、经济的可行性

在给定生产技术 (A,l)，一个经济体被称为是可行的，当且仅当存在一个向量 x 使得：

$$\begin{cases} x^T \geqq x^T A \\ x^T \geqq 0 \end{cases} \quad (1-5)$$

从经济含义的角度来看，x 表示总产出列向量，式（1-5）的含义是：存在一个半正的总产出向量，使得生产出的商品量至少能够满足生产中所消耗的投入量。当式（1-5）以等式形式成立时，生产出的商品量刚好能够补偿生产中消耗的商品量，此时经济为恰好可行的。

在满足假设 1.1 至假设 1.3 的情况下，并不是所有的生产技术都是可行的，可行性的技术需要满足一些额外的条件。为了更好地说明问题，需要先引入一些数学工具。

弗罗贝尼乌斯—佩龙定理（以下简称弗罗贝尼乌斯定理）：[①]

弗罗贝尼乌斯定理1：令 A 是一个非负的方阵，那么以下三条性质成立：

（1）A 有一个非负的特征值。在所有的非负特征值里面，最大的非负特征值 λ 对应着一个非负的特征向量。

（2）$\rho I - A$ 非负可逆当且仅当 $\rho > \lambda$。

（3）如果对于一个实数 μ 和一个半正向量 $y \geq 0$ 有 $Ay \geqq \mu y$，那么有 $\lambda \geqq \mu$。

---

① 关于弗罗贝尼乌斯-佩龙定理（Frobenius-Perron theorem）的详细证明，见 Nikaido. Convex Structures and Economic Theory [M]. Academic Press, 1968：Chapter Ⅱ 或 Kurz and Salvadori. Theory of Production：A Long-Period Analysis [M]. Cambridge University Press, 1995.

（4）对于 A 的任意特征值 ω，有 $\lambda \geq |\omega|$。

在弗罗贝尼乌斯定理1的性质（1）中，最大的非负特征值 λ 被称为矩阵 A 的弗罗贝尼乌斯特征值或弗罗贝尼乌斯根，本章用 $\lambda(A)$ 表示 A 的弗罗贝尼乌斯根。

弗罗贝尼乌斯定理2：非负矩阵 A 是不可分解的，那么有：

（1）和 $\lambda(A)$ 对应的任意非负特征向量都是正的，同时 $\lambda(A) > 0$。

（2）和 $\lambda(A)$ 对应的特征向量是唯一的。

弗罗贝尼乌斯定理3：

（1）如果对于 $x \geq 0$ 和一个不可分解的矩阵 $A \geq 0$，$(\rho I - A)x \geq 0$，那么 $(\rho I - A)$ 是非负可逆的。

（2）如果对于一个不可分解矩阵 A，$(\rho I - A)$ 是非负可逆的，那么 $(\rho I - A)^{-1}$ 是正矩阵。

（3）如果 $A \geq B \geq 0$，同时任意的 A 或 B 为不可分解矩阵，那么有 $\lambda(A) > \lambda(B)$。

（4）如果矩阵 $A \geq 0$ 是不可分解的，那么 $\lambda(A)$ 是特征方程的单根。

基于弗罗贝尼乌斯定理，可以获得经济可行性需要满足的条件。如果经济是可行的，那么就意味着存在向量 x 和 b 使得式（1-6）成立：

$$x \geq 0, b \geq 0, x^T(I - A) = b^T \qquad (1-6)$$

如果 $b = 0$，那么经济是恰好可行的。此时由弗罗贝尼乌斯定理可知1是矩阵 A 的弗罗贝尼乌斯根，x 为其对应的特征向量。如果 $b \geq 0$，令 a 为一非负向量满足 $x^T a = 1$，那么式（1-6）等价于式（1-7）：

$$x^T[I - (A + ab^T)] = 0 \qquad (1-7)$$

类似的，弗罗贝尼乌斯定理确保1是矩阵 $(A + ab^T)$ 的弗罗贝尼乌斯根，x 为其对应的特征向量，此时经济是可行的条件为 A 的弗罗贝尼乌斯根小于1（因为 $(A + ab^T) > A$）。

四、价格体系

在自由竞争的假设条件下,各部门会存在统一的工资率和利润率。如果用 w 表示工资率,r 表示利润率,p 表示价格列向量,那么价格体系为式(1-8):

$$p = (1+r)Ap + wl \qquad (1-8)$$

价格体系的经济含义是,价格需要使得生产和再生产过程中产生的成本得到补偿。式(1-8)共有 $n+2$ 个未知数(n 个商品价格,利润率 r 和工资率 w)和 n 个方程,需要添加额外的方程才能求解。如果令一个收入分配变量外生给定(此处令 r 外生给定),那么该方程还存在一个自由度。进一步令某一个商品价格为1或给定一组计价物,则其他未知数全部可以求解,也就是说,式(1-8)只能求取相对价格。换句话说,令 u 为一组计价物:

$$u^T p = 1 \qquad (1-9)$$

则式(1-8)和式(1-9)就可以获得一组以计价物 u 衡量的价格体系。

需要说明的是,令某一个收入分配变量外生给定是古典经济理论对收入分配问题的处理方式。古典理论对收入分配问题的处理是非对称的(对工资率和利润率而言,一变量外生给定,另一变量内生决定),这与新古典的对称的、供求决定机制完全不同。一般来说,古典经济学家往往假定实际工资率是外生给定的,其原因在于,工资率不仅受经济因素影响,而且受历史、制度、习俗等因素影响,其决定在逻辑上是先于利润率和价格体系的。从这个意义上来讲,古典经济理论为研究历史、制度等因素对经济的影响提供了可能性,因此相对于新古典而言,古典理论更开放。此外,尽管工资率在分析生产技术与收入分配、价格这一特定问题时被假定为外生给定,但在整个古典分析框架内,工资率是内生决定的。

对于价格体系,即式(1-8),可以区分两种情形:

(1) 工资率为0,或者说,工资率已经包含在商品投入矩阵 A 中,经济剩余全部为利润,此时式(1-8)变为:

$$p = (1+r)Ap \qquad (1-10)$$

此时 $r = R^*$ 为该技术可以支付的最大利润率。根据弗罗贝尼乌斯定理,可知:

$$R^* = \frac{1-\lambda(A)}{\lambda(A)} \qquad (1-11)$$

$$p = \bar{p} \qquad (1-12)$$

其中,$\lambda(A)$ 为 A 的弗罗贝尼乌斯根,$\bar{p}$ 为对应的特征向量。

从经济含义的角度来说,一般要求 $R^* \geq 0$,这意味着 $\lambda(A) \leq 1$,换句话说,经济是可行的。

(2) 工资率不为0时,令 $0 < r < R^*$ 外生给定,那么对式(1-8)进行简单的变化可以获得:

$$w = \frac{1}{u^T[I-(1+r)A]^{-1}l} \qquad (1-13)$$

当 $0 < r < R^*$ 时,弗罗贝尼乌斯定理确保 $I-(1+r)A$ 可逆,且其逆矩阵是半正的。式(1-13)被称为工资率—利润率曲线,它反映了在一组给定的生产技术条件下,工资率和利润率之间的关系。通过简单的计算可以知道:

$$\dot{w} = -\frac{u^T[I-(1+r)A]^{-1}Ap}{u^T[I-(1+r)A]^{-1}l} < 0 \qquad (1-14)$$

$\dot{w}$ 表示 w 对 r 的导数。从式(1-14)可以发现,在单一生产体系下,不论计价物 u 如何,给定生产技术条件下工资率和利润率一定呈现反向关系,如图1.1所示。同时对于一组生产技术,工资率—利润率曲线是唯一的,因此可以用该曲线来反映生产技术。

| 现代古典经济学：固定资本、稀缺与增长 |

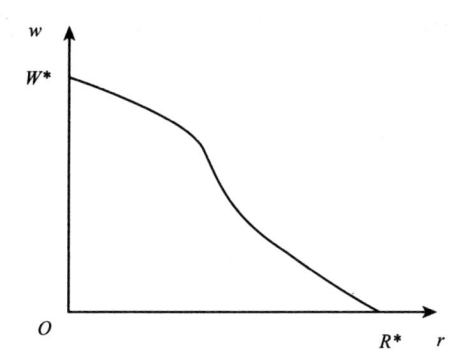

图 1.1　给定生产技术条件下的 $w-r$ 关系

把式（1-13）代入式（1-8）中，可以求解价格向量：

$$p = \frac{1}{u^T[I-(1+r)A]^{-1}l}[I-(1+r)A]^{-1}l \qquad (1-15)$$

p 对 r 求导的结果比较烦琐，且没有明确的符号，这说明利润率的变动对相对价格的影响十分复杂且不是单调的，情况远比新古典的理论复杂多。①

第三节　标准商品

对于给定的一组生产技术，虽然工资率—利润率曲线是唯一确定的，但从式（1-13）可以看出，工资率—利润率曲线的形状一般要取决于选取的计价物。只有在一种特殊的生产技术条件下，工资率—利润率曲线的形状与计价物的选取无关，这种特殊的情况是 $Al = \lambda l$，即所有部门资本有机构成相同的情形。对于任意的生产技术，存在一组特殊的计价物，能够使得工资率—利润率曲线是一条直线。这种计价物被斯拉法称为标准商品。

---

① 根据新古典理论，利润率的上升意味着资本密集型的商品价格上涨，劳动密集型的商品价格下降，但实际情况却是不确定的。

斯拉法提出标准商品的目的是为了解决李嘉图的"不变价值尺度"难题。李嘉图的"不变价值尺度"在不同场合具有不同含义，例如，在对价格体系进行跨期、跨地区比较时，不仅决定商品价格的内在因素可能发生变动，决定货币价值的因素也可能发生变动，那么商品价格的变化究竟是由于自身因素引起还是由于货币因素引起就无法确定。如果能够找到一个不变的价值尺度，就可以很好地回答这个问题。除跨时期、跨地区比较外，李嘉图在研究收入分配问题时还面临着一个难题：收入分配关系的变化会对相对价格体系产生影响。举例来说，工资率的上升不仅会对利润产生影响，而且会使得社会产品的价值量发生变化，所以很难确定工资上涨对利润率的影响，因此李嘉图希望寻找一个不变的价值尺度，从而使得工资率和利润率之间的关系变得更加明了。

斯拉法在《李嘉图著作和通信集》第一卷的序言中说："'政治经济学的主要问题'是国民产品在各阶级之间的分配问题。在这一研究过程中，他感到麻烦的是这种产品量的大小似乎会随着分配的变化而发生变化……因此，当时使李嘉图感到兴趣的价值问题，便是怎样找到一种不因产品分配的变化而变化的价值尺度。因为如果工资涨落本身会使社会产品的价值量值发生变化，那么对利润的影响就很难确定了。"[①] 但是，李嘉图并未实现找到这个不变的价值尺度。斯拉法的标准商品是解决李嘉图的后一种不变价值尺度，可以发现，如果利用标准商品来作为计价物，那么收入分配关系不受价格变动的影响。

斯拉法的标准商品的构建是从数量体系开始的。从现代的角度来看，利用弗罗贝尼乌斯定理就可以很容易证明标准商品的存在性及其性质。实际上，有学者认为斯拉法寻找标准商品的过程是一个不十分严谨的证明弗罗贝尼乌斯定理的过程。根据弗罗贝尼乌斯定理，矩阵 A 有一个弗罗贝尼乌斯根 $\lambda(A)$ 和与其对应的行特征向量 x^T，也即存在 x 使得式（1-16）

---

① 李嘉图. 政治经济学及赋税原理[M]. 北京：商务印书馆，2013：lviii.

成立：

$$x^T = (1 + R^*) x^T A \qquad (1-16)$$

其中，$R^* = \dfrac{1 - \lambda(A)}{\lambda(A)}$。将 x 用劳动投入进行标准化，即：

$$x^T l = 1 \qquad (1-17)$$

令 x 为总产出时的净产出向量作为计价物，那么这种计价物就是标准商品，此时价格体系为：

$$\begin{cases} p = (1+r)Ap + wl \\ x^T(I-A)p = 1 \end{cases} \qquad (1-18)$$

将 $p = (1+r)Ap + wl$ 左乘 x^T，整理后可以发现：

$$1 = x^T(I-A)p = r x^T A p + w x^T l = r x^T A p + w \qquad (1-19)$$

同时，将式（1-16）右乘 p，可以发现：

$$x^T(I-A)p = R^* x^T A p \qquad (1-20)$$

因此，$x^T A p = \dfrac{1}{R^*}$，将其带入式（1-19），有：

$$w = 1 - \dfrac{r}{R^*} \qquad (1-21)$$

即此时工资率—利润率曲线是一条直线，同时不受相对价格变动的影响。

标准商品虽然解决了李嘉图的不变价值尺度问题，但可以发现，由于标准商品同技术矩阵的弗罗贝尼乌斯特征根相关，不同的技术矩阵一般具有不同的弗罗贝尼乌斯特征根，因此对于不同的生产技术一般存在着不同的标准商品。[①] 一旦考虑技术选择问题，标准商品的作用就消失了，因为

---

① 如果将标准商品定义为能够使得工资率—利润率曲线呈现直线的计价物，那么对于一个生产技术而言这种标准商品可能不唯一。见 Miyao. A generalization of Sraffa's standard commodity and its complete characterization [J]. International Economic Review, 1977, 18: 151-62.

在对不同的技术进行比较时，必须选取一组相同的计价物标准，否则就没有可比性，而这种计价物一般来说是不可能同时成为几种技术的标准商品。所以，第四节在分析技术选择问题时不会过分关注标准商品问题。

第四节　技术选择与成本最小化技术

技术选择是指同一种商品可以用不同的生产过程来生产，那么从整个经济的角度来看，就存在着不同的生产技术可供选择。从更加规范的角度来说，假设商品 i 可以由 v_i 种生产过程生产，那么经济中一共存在 $\prod_{i=1}^{n} v_i$ 个生产技术可供选择。为了区别各个生产技术，用 $(A_{(i)}, l_{(i)})$ 表示第 i 个生产技术。

在自由竞争的条件下，生产者将选择成本最小化的生产技术。同第二节，令 w, r, p 为经济的工资率、利润率和价格。对于任意的生产过程 (a_i, b_i, l_i)，如果下面式（1-22）成立，则该生产过程不能支付额外的利润：

$$b_i^T p \leq (1+r) a_i^T p + w l_i \qquad (1-22)$$

如果式（1-23）成立，则该生产过程不产生额外的成本：

$$b_i^T p \geq (1+r) a_i^T p + w l_i \qquad (1-23)$$

成本最小化技术被定义为在一个给定的利润率水平下，如果某一技术决定的工资率和价格水平上没有任何生产过程可以支付额外的利润，那么这个技术就被称为在给定利润率水平下的成本最小化生产技术。换句话说，假设利润率为 r^*，如果 $(A_{(k)}, l_{(k)})$ 是成本最小化生产技术，那么对于其他任意的生产技术 $(A_{(h)}, l_{(h)})$ 有：

$$p_k \leq (1+r^*) A_{(h)} p_k + w_k l_{(h)} \quad h = 1, 2, \cdots, \prod_{i=1}^{n} v_i \qquad (1-24)$$

其中，p_k 和 w_k 由式（1-25）决定：

$$\begin{cases} p_k = (1 + r^*)A_{(k)}p_k + w_k l_{(k)} \\ u^T p_k = 1 \end{cases} \quad (1-25)$$

对于单一生产体系下的技术选择问题，可以证明定理 1.1 成立。①

定理 1.1：

（1）如果对于给定的利润率水平 $r = r^*$，存在一个能够支付正的价格和工资率的生产技术，那么就存在成本最小化的生产技术。

（2）令计价物为一组正的商品向量，在给定的利润率水平 $r = r^*$ 的情况下，一个决定价格 p^* 和工资率 w^* 的生产技术是成本最小化的，当且仅当没有其他生产技术在利润率 $r = r^*$ 时能够支付比 w^* 更高的工资率。

（3）如果在给定的利润率水平 $r = r^*$，存在多于一个成本最小化生产技术，且如果这些技术支付正的工资率，那么这些技术在利润率水平 $r = r^*$ 具有相同的价格和相同的工资率。

简单而言，在给定的利润率水平下，支付最高工资率的生产技术就是成本最小化的，因此可以利用本章第二节的图形来更加形象地分析技术选择问题。

对于每一个生产技术，都存在唯一的一条工资率—利润率曲线。当考察技术选择时，可以将所有的工资率—利润率曲线画在同一个象限内，如图 1.2 所示。

在图 1.2 中，共有两个生产技术（α 和 β）可供选择。按照成本最小化的标准，当利润率小于 r_1 时，技术 α 是成本最小化的技术；当利润率大于 r_1 而小于 r_2 时，技术 β 是成本最小化技术；当利润率大于 r_2 时，技术 α 再次成为成本最小化的生产技术；当利润率等于 r_1 或 r_2 时，两种生产技术都是成本最小化的，r_1 和 r_2 被称为技术转轨点。随着利润率的变动，成本最小化的生产技术从 α 转到 β 再回到 α 的过程被称为技术再转轨，这对于

---

① Kurz and Salvadori. Theory of Production: A Long-Period Analysis [M]. Cambridge University Press, 1995.

批判新古典的资本理论具有非常重要的意义。同时，从图 1.2 的分析可以发现，即使在相对简化的条件下，技术选择问题仍然不能独立于收入分配关系，也就是说讨论技术选择和技术进步等问题时不能离开对收入分配问题的研究。

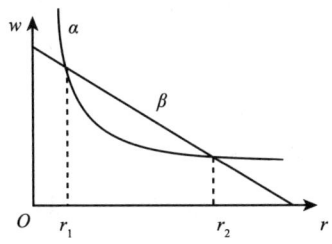

图 1.2　单一生产体系下的技术选择

第五节　联合生产与地租

一、联合生产简介

所谓联合生产指的是在同一个生产过程生产两种或多种商品。用第二节的符号表示，如果用 (a_i, b_i, l_i) 来表示某一个生产过程 i，那么 b_i 的元素中有多于一个元素为正。举例来说，就是斯密在《国富论》中提到的皮毛和肉的例子。

联合生产产生了很多的理论难题，本节不详细介绍，仅列举一些情形。[①]在一般联合生产的情况下：(1) 生产技术的定义和成本最小化生产技术与需求相关；(2) 即使一个可行的生产技术存在，但成本最小化的生产

---

① 联合生产下的一些理论问题，可以参考 Schefold B. Mr Sraffa on Joint Production and Other Essays [M], Routledge, 1989. Salvadori N and Steedman I (eds): Joint Production of Commodities [C]., Edward Elgar, 1990.

技术不一定存在；(3) 即使成本最小化的生产技术存在，工资率—利润率曲线可能是向上倾斜的；(4) 即使成本最小化生产技术存在，如果多于一个成本最小化的生产技术，那么价格体系和收入分配变量可能并不唯一。

联合生产不仅在理论上十分重要，在现实中也非常普遍，斯蒂德曼（Steedman, 1990）列举了现代生产条件下不同行业存在的联合生产情形。此外，如果考虑一种特殊的联合生产，那么就会发现联合生产问题的普遍性和重要性，这种情形就是固定资本。

斯拉法讨论联合生产的问题并不完全是为了关注皮毛和肉的问题，而是要讨论固定资本问题。"联合产品的意义，与其说是在于说明羊毛和羊肉或小麦和麦草的熟悉例子，不如说是在于联合产品是一个属，而固定资本是属下主要的种"。①将固定资本看作联合产品是古典理论对固定资本的处理方式。具体来看，这种处理方式是把进入生产过程的机器和离开生产过程的同一个机器看作两种不同的机器。用联合生产的方式来处理固定资本问题最早是由托伦斯提出，"此后这个方法得到一般的采用，即使反对托伦斯学说的人也采用；首先李嘉图在他的《原理》第三版中采用，接着马尔萨斯也在《价值的尺度》中采用，以后为马克思采用，但再以后则是湮没无闻"。②对于固定资本问题，是后续章节重点介绍的内容之一。

二、地租理论简介

商品是用商品和劳动来生产，这并不意味着生产中没有使用自然资源

---

① 斯拉法. 用商品生产商品——经济理论批判绪论 [M]. 巫宝三译，北京：商务印书馆，1991：66.

② 斯拉法. 用商品生产商品——经济理论批判绪论 [M]. 巫宝三译，北京：商务印书馆，1991：95-96. 关于马克思是否采用联合生产方式处理固定资本存在一定的争议，见 Moseley F. Sraffa's interpretation of Marx's treatment of fixed capital [J]. Review of Political Economy, 2009, 21 (1): 85-100; Gehrke C. The joint production method in the treatment of fixed capital: A comment on Moseley [J]. Review of Political Economy, 2011, 23 (2): 299-306; Moseley F. Reply to Gehrke [J]. Review of Political Economy, 2011, 23 (2): 307-315.

等，而是仅仅假设自然资源（如土地、可耗竭资源）不稀缺。一旦考察自然资源和稀缺问题时，需求因素就显得十分重要。本节仅介绍一种相对简单的情形，即最终需求是外生给定的变量。

对于地租理论的介绍，仍然是基于一些相对简单的假设条件：第一，经济中只有一种可供使用的自然资源：土地，且其总量是给定的并且不会减少。第二，所有产品分为两类：农产品（谷物）和工业品，前者的生产直接使用土地，后者的生产不直接只用土地。第三，土地除了供农业生产使用外，不存在其他用途。第四，不存在联合生产。

根据第三个假设，土地不存在其他用途，所以当土地不稀缺时，地主之间的竞争会使得地租为零，因此，此处不存在绝对地租。

此外，根据以下三条假设是否成立，可以将地租分为三种情形：（1）除了谷物之外的任何一种商品，都仅有一个生产过程能够生产它。（2）在每一类型的土地上，只有一种生产过程生产谷物。（3）只有一种类型的土地。

如果（1）、（2）假设成立，此时的地租被称为扩展型地租；如果（1）、（3）假设成立，此时的地租被称为密集型地租；如果（2）、（3）假设成立，此时的地租被称为外部级差地租。本节仅简单介绍一下扩展型地租模型，后两种地租的分析与扩展型地租具有很多相似的地方，所以略去。

令 d 表示外生给定的最终需求或使用要求。假定经济中共 n 种商品，其中前 $n-1$ 种是工业品，第 n 种是谷物。假设经济中共有 m 种类型的土地，因此根据假设，共有 m 个生产谷物的生产过程，每一种生产过程使用一种类型的土地。

用 $(a_i, e_i, 0, l_i)$ 表示生产工业品 i 的生产过程，用 $(a_{n-1+j}, e_n, c_{n-1+j} e_j, l_{n-1+j})$ 表示第 j 种土地上生产谷物的生产过程，$j = 1, 2, \cdots, m$，其中 c_{n-1+j} 表示为生产一单位谷物所投入的第 j 种土地的数量。每种土地的数量给定给 t_j。

定义矩阵 A, B, C, l, t 如下：

$$A = (a_1, a_2, \cdots, a_{n+m-1})^T$$
$$B = (b_1, b_2, \cdots, b_{n+m-1})^T$$
$$C = (c_1, c_2, \cdots, c_{n+m-1})^T$$
$$l = (l_1, l_2, \cdots, l_{n+m-1})^T$$
$$t = (t_1, t_2, \cdots, t_m)^T$$

对于 $i = 1, 2, \cdots, n-1$；$b_i = e_i$；$c_i = 0$，对于 $i = n, n+1, \cdots, n+m-1$；$b_i = e_n$，$c_i = c_{i,i-n+1} e_{i-n+1}$。

令 x 表示生产密度向量或总产出向量，p 表示价格向量，q 表示地租向量，r 表示利润率，w 表示工资率，且：

$$x \geqq 0, p \geqq 0, w \geqq 0, q \geqq 0$$

在长期自由竞争条件下，有式（1-26）成立：

$$\begin{cases} x^T(B-A) = d^T \\ x^T C \leqq t^T \\ x^T C q = t^T q \\ Bp \leqq (1+r)Ap + Cq + wl \\ x^T Bp = x^T[(1+r)Ap + Cq + wl] \\ u^T p = 1 \end{cases} \quad (1-26)$$

为了简化表述，本节采用图形来说明地租是如何决定的。首先令前 $n-1$ 个生产过程和任意一个生产谷物的生产过程一起，组成一个"生产技术"。假设对于这些"生产技术"，地租为零，那么根据第二节的介绍，在给定的利润率 r 的条件下，可以确定该"技术"对应的工资率 w。将这些"生产技术"按照工资率 w 的大小进行排序。

如果对于所有的 m 种"生产技术"，$w \leq 0$，那么此时不可能支付地租。假设存在 s 种"技术"可以支付正的工资率，那么在当前利润率下，产生

负的工资率的 $m-s$ 种土地则将不会被耕种。同样将 s 种"生产技术"按照工资率 w 高低进行排序。

定义：

$$D_i = \{d \in \mathbb{R}^n \mid d \geqq 0, \exists x \geqq 0 : x^T(B-A) = d^T, x^T C \leqslant \sum_{j=1}^{i} t_j e_j^T\} \quad (i = 1, 2, \cdots, s)$$

$$(1-27)$$

由式（1-27）可知显然 $D_1 \subset D_2 \subset \cdots \subset D_s$。定义式（1-27）中符号的含义是：假设 $d \in D_1$，这意味着第一种土地不需要完全耕种就可以生产出使用要求 d，此时所有土地都不需要支付地租。如果 $d \notin D_1$，但 $d \in D_2$，那么这意味着为了生产 d，第一种土地需要完全耕种，而第二种土地不需要完全耕种。此时，第一种土地需要支付地租，而第二种土地不需要支付地租。依次类推。

地租量是由下面的方式来决定的。首先，确定土地的耕种次序。按照本节的假定，$w_1 > w_2 > \cdots > w_s$，如果第一种土地外的土地优先被耕种，那么耕种第一种土地的资本家将获得额外利润，这将导致所有资本家都会去耕种第一种土地而放弃耕种其他土地。因此，第一种土地将会被最先耕种。上面工资率的顺序被称为土地的"肥沃程度"。需要说明的是，上面工资率的顺序可能会随着利润率的变化而变化，因此，土地的优先耕种顺序或肥沃程度离不开收入分配关系。

其次，如果仅耕种第一种土地就可以生产出所需要的最终需求 d，即 $d \in D_1$，那么这意味着土地不稀缺，所有土地都不需要支付地租。如果耕种第一种土地不能生产出所需要的最终需求 d，但如果和第二种土地一起耕种便能够生产出最终需求 d，即 $d \notin D_1$ 但 $d \in D_2$，那么第二种土地是不稀缺的，该土地不需要支付地租，这种土地被称为边际土地。相比之下，第一种土地上会产生地租。依次类推。

用 $(\hat{A}_i, \hat{l}_i, \hat{c}_i)$ 表示上文的第 i 种"生产技术"。对于每一个"生产技术"，式（1-28）成立：

$$\begin{cases} p = (1+r)\hat{A}_i p + q_i \hat{c}_i + w\hat{l}_i \\ u^T p = 1 \end{cases} \quad (1-28)$$

整理可以获得式（1-29）：

$$1 = q_i u^T [I - (1+r)\hat{A}_i]^{-1} \hat{c}_i + w u^T [I - (1+r)\hat{A}_i]^{-1} \hat{l}_i \quad (1-29)$$

可以发现，对于每一个生产技术，在给定利润率 r 的条件下，地租 q_i 和工资率 w 是一条向右下方倾斜的直线，如图 1.3 所示。

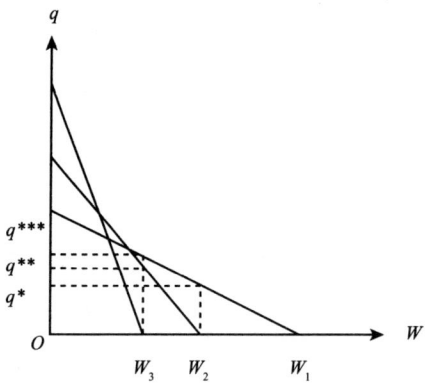

图 1.3　扩展型地租情况下的 $w-q$ 关系

利用图 1.3 可以确定不同情况下的地租量。当第一种土地不稀缺时，此时所有土地不支付地租，工资率为 w_1。当第一种土地稀缺时，而第二种土地没有被完全耕种，此时工资率为 w_2，这两种土地需要保持相等的成本，因此第一种土地上支付地租 q^*。以此类推，当第一、第二种土地稀缺时，而第三种土地不稀缺时，工资率为 w_3，第一种土地和第二种土地支付的地租分别为 q^{***} 和 q^{**}。

当最终需求 d 是收入分配的函数时，也可能产生地租，此时的地租被称为需求拉动型地租或奇异地租（Salvadori，1983）。第六章将介绍对需求拉动型地租模型的扩展。

第二章
新古典理论问题的再批判

20世纪六七十年代,古典学者和新古典学者围绕新古典理论的逻辑问题展开了一场大论战。论战的主要内容涉及新古典理论中生产要素"资本"的度量、总量生产函数以及建立在此基础上的收入分配理论、要素替代机制和边际分析方法的逻辑缺陷(Harcourt,1972)。这场著名的"资本论争"或"资本争论"以新古典的领袖萨缪尔森宣告认输、古典理论的胜利结束(Samuelson,1966)。然而"资本争论"正逐渐被人们所遗忘,时至今日,新古典理论依旧看似毫发无损地占据着经济研究的主流地位。

这场争论被遗忘是由多种原因造成的。首先,论战的双方都存在一些混乱,使得很多重要的理论问题变得含糊不清,如批判一方的罗宾逊将批判的主要目标定为总量生产函数(Robinson,1953-1954),但新古典理论的错误根源并不在于总量分析方法。①其次,争论之后新古典理论发生了形式上的变化,使得转变后的新古典理论看似可以免疫于"资本争论"的批判。最后,争论胜利的古典理论尽管在理论上具有优势,但基于古典理论

---

① 尽管罗宾逊夫人将攻击对象不合适地定在了总量生产函数,但她对新古典总量生产函数的讽刺(Robinson,1953-1954)依旧很深刻。

展开的经验研究相对不足,致使新古典理论似乎在分析现实问题方面具有不可替代性,新古典经验分析方法的发展使得其理论缺陷被进一步忽略和掩盖。

在"资本争论"之后,新古典理论看似在不断完善和发展,但实际上新古典已经走上了一条理论和现实脱节的道路,当前持续的经济危机无疑是这种脱节的最佳反映。这种理论与现实的脱节是"资本争论"后新古典理论发生转变的直接结果:为了在理论研究上更加"一致"而不得不采用一种极短期分析方法,但这种分析方法却无法用于解释现实经济问题。

从胜利的一方来看,"资本争论"之后,现代古典学者一方面重新构建古典理论体系,另一方面梳理澄清"资本争论"中的一些论点并对转变之后的新古典理论进行再批判。围绕转变之后的新古典理论的逻辑问题展开的论战被一些学者称为"资本争论"的第二阶段。[①]这一阶段的批判尚没有引起学界的广泛关注。

对"资本争论"第一阶段的相关问题,国内学者已经展开了较多的研究,如柳欣(1994)、张凤林(1986)等详细论述了古典和新古典双方的论战和各自存在的问题。然而上述研究大都针对新古典理论的总量框架,即总量方法与异质性资本品之间的逻辑矛盾,同时对"资本争论"第二阶段的问题缺乏相应的研究。

"资本争论"是不是仅针对新古典的总量框架?现代新古典理论不存在"资本争论"中批判的逻辑问题吗?这些是本章试图回答和澄清的一些问题。本章的主要目的在于:第一,澄清传统新古典理论的逻辑缺陷并不在于总量框架;第二,阐明现代新古典理论不仅无法解决传统新古典理论

---

① "资本争论"的第一阶段又被称为"两个剑桥之争",原因是批判新古典理论的经济学家主要集中在英国的剑桥大学,而捍卫新古典理论的经济学家主要集中在美国剑桥市的麻省理工学院。但遗憾的是,"资本争论"的第二阶段仅涉及一个剑桥,即英国的剑桥大学,而且主要的经济学家如哈恩、布利斯(C. J. Bliss)是作为新古典理论的捍卫者出现的。

的问题，而且产生了新的逻辑问题；第三，论述现代新古典理论在理论研究与对现实经济分析方面存在脱节的原因。

在批判现代新古典理论的问题之前，有必要概要回顾一下"资本争论"第一阶段对新古典理论资本问题的相关批判。由此可以发现，转变之后的现代新古典理论并不能解决第一阶段批判的逻辑问题。

第一节 "资本争论"第一阶段

"资本争论"第一阶段的批判主要围绕传统新古典理的逻辑问题展开的。传统新古典理论指包括马歇尔、维克赛尔等坚持长期分析方法的新古典理论。与传统新古典理论不同，"资本争论"第一阶段后新古典理论则采用的是一种极短期的分析方法，后者将被称为现代版本的新古典理论。从本节分析可以发现，现代版本的新古典理论并不能回避传统理论的资本逻辑问题。

罗宾逊（Robinson，1953-1954）的论文开启了"资本争论"。[1]她指出新古典理论的一个核心缺陷是在存在异质性资本品的情况下，总量资本的度量不能独立于收入分配关系和价格体系。总资本无法度量使得新古典总量生产函数无法构建，基于总量模型的相关理论自然也就无法成立。罗宾逊对新古典总量模型的攻击一方面阐明了新古典理论的缺陷，但另一方面也造成一种误解，即认为只有新古典的总量方法依赖于总资本存量，多部门的一般均衡模型不需要依赖于总量资本，因此新古典理论存在的问题仅限于总量方法，而总量方法不具有一般性，所以这种观点认为罗宾逊的攻击是微不足道的。如哈恩（Hahn，1975）在"资本争论"第一阶段结

---

[1] 弗拉蒂尼（Fratini，2018）认为"资本争论"在20世纪30年代就已经有所讨论，而真正开始于斯拉法1960年《用商品生产商品——经济理论批判绪论》出版。哈考特（Harcourt，1972）认为"资本争论"的第一轮论战开始于罗宾逊（1953-1954）论文发表。

束后曾回应，总量模型仅仅是为本科生讲授原理的教科书所采用的，而前沿的新古典理论并不依赖于总量模型。

认为资本度量问题只适用于总量模型的错误在于，在传统新古典理论的一般均衡模型中，虽然要素市场是建立在多部门的资本、劳动供求关系基础上，但这一模型同样要求资本总量必须是给定的同质量，否则一般均衡体系无法求解（Petri，1978）。换句话说，传统新古典理论的一般均衡模型同样要求资本是一个独立于收入分配关系的、可以改变形式而不能改变总量的同质要素，以此为基础才能内生决定各部门所需的资本量，才能确定具有统一利润率的长期均衡。因此，给定的同质的资本总量是传统新古典理论决定均衡的独立变量之一。

具体来看，传统的新古典理论体系（总量模型与一般均衡）是以下列因素作为决定均衡的独立变量：①（1）可供生产者选择的生产技术；（2）消费者偏好；（3）初始要素禀赋（包括"资本"、劳动、土地等要素）。

在这些给定的独立变量基础上，传统新古典理论通过替代机制（生产替代与消费替代）获得给定的要素价格下最优的要素需求比例，同时假定一种要素量给定就可以获得另外一种要素的需求函数，即要素需求量与要素服务价格的反方向函数关系。②进一步，在给定的要素禀赋即要素供给量条件下，新古典的供求分析框架可以决定唯一均衡，包括均衡价格和均衡数量，并且在均衡条件下劳动力充分就业、资本充分利用。如图 2.1 所示，KK' 为资本要素的需求曲线，给定要素供给量 $K^*K^{*\prime}$，可以确定唯一的均衡 E^*，此时资本要素的价格为 r^*。

---

① Kurz and Salvadori. Theory of Production: A Long-Period Analysis [M]. Cambridge University Press, 1955; Garegnani. On a change in the notion of equilibrium in recent work on value and distribution, in M. Brown K. Sato and P. Zarembka (eds): Essays in Modern Capital Theory Amsterdam [C]: North-Holland, 1976: 25-45.

② 任何一个给定的要素量（如劳动）都可以获得另外一种要素（如资本）的需求曲线，并且在供给和需求机制的作用下，均衡的资本量一定是充分使用，对于劳动要素同样如此，因此最初给定的要素量是无关紧要的，本质上是假定一开始给定的要素是充分使用的。

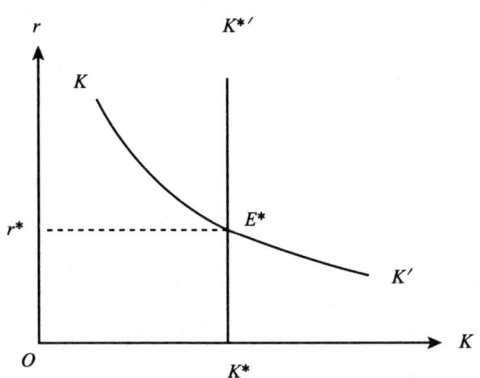

图 2.1 传统新古典理论的资本供求曲线

在"资本争论"的第一阶段中,古典学者阐明了传统新古典理论的逻辑缺陷,概括地说,这些缺陷主要包括决定均衡的给定变量中的"资本"的度量问题和技术再转轨与资本深化逆转导致的资本需求曲线的不确定性问题。

首先,在存在异质性资本品的情况下,资本总量的度量会导致新古典理论出现循环论证。在决定均衡机制中,资本供给总量是一个给定的量。给定的资本存量如何度量?现实中各种资本品不是同质的,因此传统新古典理论决定均衡的给定资本量只能是按照价格加总的价格量合计,即决定均衡的给定资本量只能是价格量。然而,按照新古典的逻辑,在确定资本品的价格之前,需求确定要素价格:利率与工资率,要进一步确定要素价格,需要先确定要素的供给量与需求量,这又要求先确定资本品的价格,因此新古典理论陷入了循环论证。这种循环论证表明,资本总量是不能找到一个独立于收入分配关系的度量单位的。

资本度量问题将破坏新古典各种基础性的核心理论与概念。例如,一旦作为要素的资本无法度量,资本的供给与需求曲线都将不存在,生产函数无法确定,建立在此基础上的收入分配理论、价格理论、增长理论等都难以成立。再如,一旦资本无法度量,那么也就不存在所谓的"资本密集型"商品、"劳动密集型"商品,甚至资本劳动比例也无法衡量,替代机制更无法成立。总之,资本度量问题对传统新古典理论的破坏是致命的。

其次,即使忽略资本度量问题,生产技术再转轨与资本深化逆转也摧毁了传统新古典理论的资本需求曲线。生产技术再转轨是斯拉法(1960)提出的。第一章中已经说明,在自由竞争的情况下,企业根据成本最小化的原则选择使用的生产技术,技术再转轨说明了在收入分配发生变化时,原本会产生额外成本的生产技术可能会再次成为成本最小化的技术。技术再转轨的可能性曾被新古典理论否认(Levhari,1965),但在一些古典学者的批判下,萨缪尔森等人终于承认了他们的错误(Garegnani,1966;Morishima,1966;Pasinetti,1966;Levhari and Samuelson,1966)。

具体来看,假设资本的度量不存在问题,同时考虑一种简单的情形,假设经济是单一生产体系,此时整个社会的资本量就是全部中间产品的价值。利用第一章的符号,如果总产出为 x,那么资本量为 $x^T A p$。

现在,令 y 表示净产出向量,即 $y^T = x^T(I-A)$,同时令 y 为计价物,即 $y^T p = 1$。进一步,假设全社会的总劳动标准化为 1,即令 $x^T l = L = 1$,那么此时 y 表示人均净产出。

同第一章,在自由竞争的条件下价格方程为:

$$\begin{cases} p = (1+r)Ap + wl \\ y^T p = 1 \end{cases} \quad (2-1)$$

令利润率为 0 时的工资率为 W,即:

$$p = Ap + Wl \quad (2-2)$$

将式(2-2)两侧左乘 x^T,同时根据 $x^T l = 1$,有:$W = y^T p = 1$,其含义是,当利润率为 0 时,工资占据全部的净产品。当利润率为 $r \neq 0$ 时,工资率为 w,由于总劳动被标准化为 1,w 表示工资占净产品的份额,那么对应的利润份额为 $1-w = W-w$。如果用 k 表示资本总量,那么有 $kr = 1-w$,也即:

$$k = \frac{1-w}{r} \quad (2-3)$$

利用工资率—利润率曲线，可以发现资本量实际上是图2.2中的正切值。随着利润率的改变，可以获得不同利润率下资本的需求量，即可以获得资本的需求曲线。

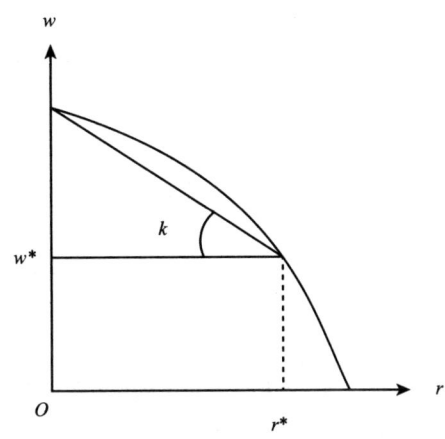

图2.2　资本需求曲线

因此，一般来说，资本需求量随着收入分配关系的变化而变化。这取决于工资率—利润率曲线的形状，但从第一章的介绍可知，后者的形状取决于计价物的选择。如果用标准商品作为计价物，那么工资率—利润率曲线的斜率是不变的，所以此时利润率的变化不会导致资本量的变化，此时资本需求函数是一条垂直的直线。此外，对于一个给定的技术，可以选取一组计价物使得资本的需求曲线向左上方倾斜（例如工资率—利润率曲线凹向原点）。这就意味着，按照新古典的供求分析框架无法获得稳定的均衡利润率。

更为重要的是，如果存在技术再转轨，那么资本需求函数可能不是连续的，而是分段的。图2.3（a）反映的是当存在不同的生产技术时，利润率发生变化可能导致成本最小化的生产技术发生变化，在技术转轨点处，同一个利润率可以对应不同的资本需求量。图2.3（b）反映的是在存在技术转轨和再转轨的情况下，资本需求曲线可能出现的情况。因此，从这个角度来说，新古典性状良好的资本需求曲线在理论方面是完全不合理的。

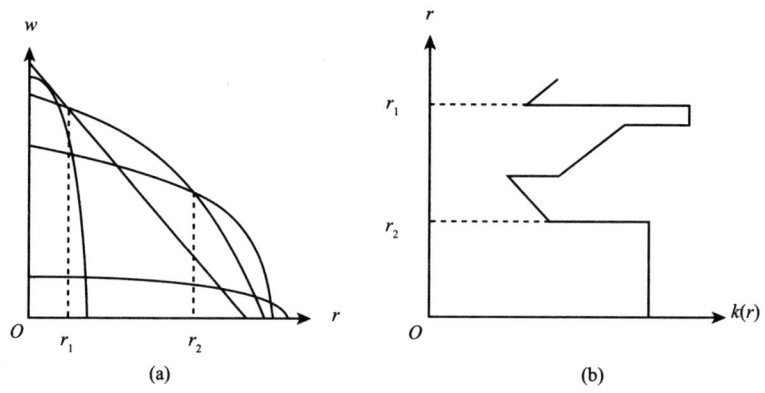

图 2.3 存在多生产技术情况下的资本需求曲线

总的来说，技术再转轨对新古典理论的影响包括：新古典资本要素的需求曲线的形状一般是不能独立于选取的计价物，某些特殊的计价物可以导致资本需求曲线向右上方倾斜；① 新古典理论的替代机制失灵并可能出现资本深化逆转。在出现技术再转轨的情况下，利率上升会导致资本劳动比率上升。同时，同一个利率水平可能对应着不同的资本劳动比率，不同的利率可能对应着同一个资本劳动比率，利率的连续变化可能导致资本劳动比率的非连续的突然变化。总之，新古典性状良好的资本需求曲线将不复存在，由此获得的均衡利率可能是不唯一、不稳定甚至是不存在的。

技术再转轨的重要性在遵循古典理论传统的经济学家内部存在一些争议，比如波泰斯蒂奥（Potestio, 1999）认为技术再转轨和资本逆转对于批判新古典的收入分配理论不重要。②然而，正如德沃斯金和佩特里（Dvoskin and Petri, 2017）论证的一样，技术再转轨和资本深化逆转摧毁了新古典理论基于要素替代机制所获得的资本在需求方面的作用，这些作用对传统

---

① 见库尔茨和萨尔瓦多里（Kurz and Salvadori, 2001b）给出的例子。
② 同样的观点重复在波泰斯蒂奥（Potestio, 2001, 2011）等。

新古典理论和转变之后的现代新古典理论同样重要。

综上，在"资本争论"的第一阶段，争论的双方围绕新古典理论的总量生产函数、资本度量问题、技术再转轨等问题展开了深入的争论。这一阶段以新古典的领袖萨缪尔森的认输而暂时告一段落。然而，正如帕里内洛（Parinello，2002）评价"资本争论"之后的斯拉法经济学发展一样，"资本争论"第一阶段的实际结果是，一方是失败者（新古典理论），而另一方却没有胜者。在第一阶段的争论之后，新古典理论发生的转变使得失败者也看似消失了。

第二节 "资本争论"第二阶段与现代新古典理论的逻辑问题

加雷尼亚尼（Garegnani，1970）与布利斯（Bliss，1970）的讨论被认为开启了"资本争论"的第二阶段。加雷尼亚尼指出，在存在异质性资本品的情况下，萨缪尔森的"代理生产函数"只有在特殊情况下才成立。加雷尼亚尼从一个新古典均衡出发，假设储蓄上升即资本供给增加，按照传统的新古典理论，利率会下降，从而导致资本需求上升，经济会趋于新的、资本充分使用的均衡。然而，在存在技术再转轨和资本深化逆转的情况下，利率的下降可能导致资本需求量下降，从而加剧资本供需的不平衡，进而使得利率进一步下降，资本需求进一步下降。

加雷尼亚尼虽然指出了新古典理论的逻辑问题，但是似乎并不明确加雷尼亚尼究竟是在论述储蓄上升之后新的均衡是否存在，还是在均衡存在的情况下论述新的均衡是否具有稳定性。布利斯认为加雷尼亚尼是在批判前者，并认为这种批判没有新意，因为阿罗—德布鲁早已给出了新古典理论一般均衡存在的条件，并且指出这些条件是比较严格的。布利斯还认为，加雷尼亚尼讨论的前提是完全符合阿罗—德布鲁均衡存在的条件的，因此加雷尼亚尼认为新的均衡不存在是荒谬的。他认为加雷尼亚尼根本错误在于试图将长期均衡应用到短期问题而不是在分析短期均衡。

从加雷尼亚尼和布利斯的争论反映出：第一，"资本争论"第一阶段批判的新古典理论的逻辑缺陷并没有被绝大部分学者理解和接受，布利斯完全没有认识和理解技术再转轨对新古典理论的摧毁意义。第二，争论的焦点和新古典理论研究的重点已经由传统的新古典理论转移到了现代的阿罗—德布鲁均衡理论。为了与传统的马歇尔、维克赛尔（Wicksell）等边际革命产生之初的新古典理论相区分，阿罗—德布鲁均衡理论被加雷尼亚尼和佩特里等人称为现代版本的新古典理论，①两者的区别在于决定均衡的给定变量和采用的分析方法。

在决定均衡的给定变量方面，与传统理论不同，在现代新古典理论中，决定均衡的给定要素禀赋不再是单一同质要素资本存量，而是各部门的资本品存量或商品量。②这种形式上的变化使得现代新古典理论看似不存在资本的度量问题，而且传统理论的要素替代机制、供求分析框架都可以保留。但是，第一节已经指出，技术再转轨和资本深化逆转已经彻底摧毁了新古典理论的要素替代机制和建立在此基础上的要素需求曲线，单从这一点来说，现代新古典理论仍然不能回避"资本争论"第一阶段中批判的资本问题。

不仅如此，转变之后的新古典理论产生了新的更为严重的逻辑问题。这些问题可以概括为：均衡的非持久性问题、不充分替代性问题和不确定性问题等。③

首先，均衡的非持久性问题是指现代新古典理论中决定均衡的给定变量会随着非均衡的调整过程而发生变化，从而导致最初决定的均衡是非持

---

① 对于新古典理论版本的区分是由加雷尼亚尼（Garegnani, 1976）提出的。
② 如阿罗—德布鲁模型中消费品的初始量是给定的（Arrow and Debreu, 1954）、马斯—科莱尔、温斯顿、格林（2001）著的《微观经济理论》中给定的资源禀赋等。
③ 见佩特里和加雷尼亚尼的论述（Petri, 2004; Garegnani, 1976, 1990）。

久的。在现实经济中,经济变量并不是时刻处于均衡状态,而是不断向均衡进行调整,这就要求在非均衡趋近于均衡的过程中均衡本身保持不变,或者是相对持久的。均衡的持久性并不意味着均衡本身完全不发生变化,而是在非均衡趋近的这段时间内保持相对稳定。在非均衡的调整过程中,经济活动不会停滞,这些活动会改变资本品存量、预期等因素。例如,当某个企业面临的需求大于自身的供给,该企业可能会减少存货,或增加投资购买新的机器和原材料以扩大生产。总而言之,资本品存量会随着非均衡的调整过程而发生变化。然而,在现代新古典理论中,资本品存量是决定均衡的给定变量,这些变量的变化会导致均衡本身发生变化。因此,现代新古典理论所决定的均衡不具有持久性。

均衡的非持久性极大地破坏了现代新古典理论的现实意义。假设现代新古典理论最初决定的均衡是 A 状态,而现实经济处于 B 状态。现实经济向均衡调整过程,也即 B 状态向 A 状态不断调整的过程会改变决定 A 状态的因素(资本品等),从而使得均衡 A 状态发生变化,如变为 C 状态。按照现代新古典理论,现实经济应该再次向 C 状态调整,而在调整过程中,C 状态又发生变化。所以,现实 B 状态不仅不会趋于最初的均衡,最终根本不知道现实经济会趋于何处,因此现代新古典理论的决定的均衡毫无意义。

其次,不充分替代性问题是指给定的资本品存量会导致资本与劳动缺乏足够的替代而产生异常的均衡利率、工资率和价格。在一定时期内,个别企业甚至全行业的生产技术是相对稳定的,这决定了生产过程中使用的资本与劳动的比例也是比较固定的。部门之间的相互联系进一步要求各部门的产品供给和需求保持一定的比例关系。因此,各部门所需要的资本品数量是整体经济顺利运行所内生决定的变量。然而,如果各部门资本品存量是任意给定的决定均衡的变量,那么极有可能在均衡状态下多个部门的资本品是不能充分使用的。按照新古典的理论,此时这些部门的资本品供大于求,这将导致这些资本品的均衡利率为 0,从而产生异常的商品价格。

同样道理，资本品存量给定会使得劳动与资本缺乏足够的替代，从而使得劳动需求曲线缺乏弹性并出现异常的工资率和商品价格。

缺乏替代性会加剧非持久性所带来的问题。由于非均衡的调整经常会导致资本品存在的变化，这些变化可能会导致很多部门突然出现资本品超额供给或超额需求，从而使得均衡价格发生剧烈的波动，加剧了均衡的非持续性。

最后，不确定性问题是指在现代新古典理论中决定均衡的给定变量包含的预期等主观因素会导致均衡具有不确定性。由于未来状态是无法确定的，对于未来状态的预期自然也是无法确定的，因此一旦预期因素进入决定均衡的变量中，均衡自然无法确定。在现代新古典理论中，实际给定的是预期的不同假设条件，如适应性预期、理性预期、完全预期等，而不同的预期假设会得出不同的均衡状态和均衡路径。因此，最终获得均衡实际上是一个根据不同的预期假定得到的均衡分类。

不确定性问题同样会因非持久性问题而加剧：非均衡的调整导致均衡本身的变化会产生更多的均衡分类，均衡更加不确定，这种不确定性进一步说明了现代新古典理论没有现实指导意义。

非持久性、缺乏替代性和不确定性的问题表明，即使忽略技术再转轨和资本深化逆转，现代新古典理论仍然存在非常严重的逻辑缺陷。对于这些逻辑问题，现代新古典理论只有从分析方法角度才能加以回避。具体来看，现代新古典理论只有采用极短期的分析方法才能保持理论上的严密性和合理性。只有时刻处于均衡状态，或非均衡向均衡的调整时间非常短、速度非常快，调整过程对均衡的变量影响才会很小、价格变动不会太剧烈、预期不会发生明显变化。现代新古典理论所决定的均衡只能是极短期均衡。

然而，现实经济不是时刻处于均衡状态，经济活动都需要花费一定的时间。这就要求理论在分析现实经济问题时，如研究某项政策的效果、比较静态分析、经济增长的影响等，必须坚持长期分析方法，即要求均衡状态不受非均衡调整过程影响且保持相对稳定,才能保证非均衡状态能够有足够的时间向均衡进行调整,理论分析的结果才有现实意义。现代新古典的理论基础与分析现实经济的客观要求相差甚远,现实与理论的严重脱节。①

总的来说,无论是传统新古典理论还是现代新古典理论,都无法回避"资本争论"第一阶段批判的逻辑问题。现代新古典理论抛弃了原有的长期分析方法是其理论模型转变的必然要求,由此产生的新问题使得现代新古典理论与现实经济越走越远,逐渐演变为毫无现实意义的理论游戏。现代新古典理论存在的逻辑问题,在传统新古典理论中并不存在,主要原因在于传统新古典理论采用的长期分析方法。

第三节 长期分析方法:从古典到传统新古典

现代新古典理论延续了传统新古典理论的核心框架,要素替代机制、边际理论都得以保存,因此在理论上现代新古典理论与传统新古典理论是前后传承的。但是,在分析方法方面,现代新古典理论却发生了显著的变化:传统的长期方法被抛弃,取而代之的是现代的极短期方法,传统的长期均衡也演变为现代的即期均衡或跨期均衡。尽管在理论方面,传统新古典理论与古典理论差异巨大,但两者所使用的分析方法却是相似的长期方法。因此,概括地说,从传统新古典理论到现代新古典理论,理论得以延续而分析方法发生了转变;相比之下,从古典理论到传统新古典理论,理论发生了转变而分析方法得以延续。

传统新古典经济学家同古典经济学家一样,区分市场价格和自然价格

---

① 现代新古典理论在分析现实问题所必须依赖的长期方法与其理论要求的极短期分析方法被佩特里(Petri,2004)讽刺为"精神分裂症"。

（或正常价格、价值、均衡价格等不同的称呼），并将理论研究的对象确定为后者。主要原因是：首先，传统新古典经济学家和古典经济学家都认为，市场价格经常受到偶然的、不确定的一些因素影响，因此难以作为经济理论研究的对象。理论研究也不应是描述市场价格曲折或偶然的变动，而应探求决定市场价格长期变动的影响因素。其次，在自由竞争的条件下，古典经济学家和传统新古典经济学家认为市场价格会趋近于自然价格，因此自然价格及其影响因素应是在理论上给以解释和研究的对象。

市场价格向自然价格趋近的过程是通过资本家之间的逐利行为来实现：不同行业利润率的差异会引起资本在不同行业间的流动，资本的流动最终促成利润率的均等化和自然价格的形成。换句话说，市场价格趋近于自然价格的过程与利润率的均等化过程是一致的。

对于自然价格与市场价格的关系，斯密在国富论中明确写道："自然价格可以说是中心价格，一切商品价格都不断受其吸引……尽管有各种障碍使得商品价格不能固定在这个恒固的中心，但商品价格时时刻刻都向着这个中心。"[1] 李嘉图认为市场价格和自然价格可以有偶然和暂时的背离，价格的背离导致的利润率差异使得资本会移动到最有利的行业，"正是每一个资本家都要把资金从利润较低的行业转移到利润较高的行业的这种愿望，是商品的市场价格不致长期继续大大超过或大大低于其自然价格。"[2] 同样，马克思在《资本论》第一卷论述工资的自然价格时就指出了工资的自然价格和价值的关系，在第三卷中更为详细地论述了利润率的均等化和市场价格趋近于生产价格的过程。

古典理论的长期分析方法被传统新古典理论所继承。例如，马歇尔虽然认为古典理论仅分析了供给问题而忽略了对需求的研究，但他仍然认为长期内市场价格会趋近于自然价格，或他说的实际价值：

---

[1] 斯密. 国民财富的性质和原因的研究 [M]. 北京：商务印书馆，2016：56.
[2] 李嘉图. 政治经济学及赋税原理 [M]. 北京：商务印书馆，2013：74.

"任何时候的实际价值,即一般所谓的市场价值,受那些一时的时间和一些间歇性和短期性的因素的影响往往比受那些持久性的因素的影响要大些,但在长期内这些无常间歇和不规则的因素所产生的影响在很大程度上是相互抵消的;因此,在长期内持久性因素完全支配着价值"。[①]

同样,瓦尔拉斯持有相似的观点:

"生产平衡与交换平衡一样,是理想状态,不是真实状态。任一种产品的售价和投入这一产品的生产服务的成本绝对相等的情况,在现实世界绝不会发生。然而这却是一种正常状态;意思是说,在交换和生产的自由竞争制度下,情势自然会走向这一状态"。[②]

因此,在"边际革命"后新古典理论替代了古典理论的正统地位,但长期分析方法得以保存:古典理论研究经济的"长期位置",传统新古典理论研究经济的"长期均衡"。实际上,如果长期分析方法被淘汰,那么传统新古典理论也难以代替古典理论占据研究的主流地位。

正是因为长期分析方法得以保存,现代新古典理论存在的诸多问题,在传统新古典理论中并不存在。首先,传统新古典理论决定的均衡是长期的持久的,均衡的调整过程不会导致均衡本身变化。其次,传统新古典理论仅要求资本总量给定,各部门所需的资本量是由模型内生决定的,因此,不存在缺乏替代性问题。最后,在长期,经济活动的参与者会根据现实经济的情况而调整各自的预期,因此预期是内生决定的,均衡的不确定性问题同样不存在。相对于现代理论,同样存在逻辑缺陷的传统新古典理论实际上是更"优"的理论版本。

---

① 马歇尔. 经济学原理 [M]. 北京:商务印书馆,2005:41.
② 瓦尔拉斯. 纯粹经济学要义 [M]. 北京:商务印书馆,2011:228.

| 第三章 |
现代古典体系下固定资本问题研究综述

　　本章是对现代古典理论体系下固定资本模型的研究进行综述性的说明。斯拉法复兴了古典理论以联合生产来研究固定资本的分析方式,这种方式不仅避免了新古典理论的逻辑缺陷,而且为从新的角度研究固定资本问题提供了思路。最近一些关于可转移机器的模型研究不仅重新激发了对固定资本问题的研究兴趣,也改变了对现有理论的一些认识。这些新成果使得重新梳理斯拉法体系下固定资本问题的研究成为必要。本章从机器的使用效率是否可变、机器是否可转移、机器是否可以联合使用等几个角度,梳理了一些经典的模型和最新的关于可转移机器的模型的研究,并总结了各类模型中成本最小化生产技术的特征。

第一节　固定资本理论的古典复兴

　　斯拉法和冯·诺依曼复兴了古典理论体系对固定资本的处理方式,也即把固定资本作为一种特殊的联合生产方式来研究,"……联合生产是一个属,而固定资本是属下面主要的种"。①联合生产的处理方式是将进入生产过程的机器和生产过程结束后的同一台机器看作两种不同的商品,换句话说,不同"年龄"的机器被认为是不同的商品。

  古典理论用联合生产的方式分析固定资本具有很多优点。首先,联合生产的方式能够避免新古典理论的逻辑缺陷。在新古典理论中,固定资本是一种生产要素,是作为决定新古典均衡的给定存量,但无论这种存量是传统新古典理论中给定的同质的价值量,还是现代新古典理论中给定的一组资本品向量,都存在严重的逻辑问题(Petri,2004)。相比之下,采用联合生产的方式可以内生决定固定资本(机器)的价格、使用寿命和数量,从而可以有效避免新古典理论的逻辑缺陷。其次,联合生产的方式可以回避固定资本具有流量和存量双重性质所带来的复杂性。即使忽略新古典理论的逻辑缺陷,固定资本也难以被看作存量。原因在于,虽然固定资本的实物形态在一次生产过程中不会被消耗,似乎是不变的"存量",但每次生产结束后固定资本都会因折旧(物理折旧和价值折旧)而产生流量损失,也会因维修保养等获得流量的补偿。因此,固定资本是一种流量与存量的混合物(Pasinetti,1980)。相比之下,以联合生产来分析固定资本,不同年龄的机器变成了不同的商品,此时所有机器都是流量,固定资本的存量与流量双重属性带来的复杂性得以合理的解决。再次,以联合生产方式处理固定资本问题,要优于固定资本的"资金—流量"处理方式,尤其在分析技术选择问题时,尽管"资金—流量"方式与联合生产在形式上相似,但前者可能会获得错误的技术选择结果(Kurz and Salvadori,2003)。最后,联合生产方式下的固定资本模型要比其他多部门框架下的固定资本模型更加一般化(Lager,1997,2006)。

  斯拉法最初提出了一个机器始终保持使用效率不变的简单模型,随后

---

① 斯拉法. 用商品生产商品——经济理论批判绪论[M]. 巫宝三译, 北京: 商务印书馆, 1991: 66.

学者们对这一模型进行了广泛的扩展。这些扩展模型可以根据两个标准进行分类：旧机器是否可以联合使用和旧机器是否可以转移。前一个标准是指一个生产过程是否可以允许出现多于一台的旧机器；后一个标准是指一种类型的旧机器是否可以被用于不同成品的生产过程中。因此，斯拉法之后的固定资本模型可以分为非转移非联合使用机器（或单一机器）模型、非转移联合使用机器模型、可转移非联合使用机器（或单一机器）模型和可转移联合使用机器模型。

斯拉法认为最早采用联合生产的方式来处理固定资本问题的是托伦斯（Torrens），后来李嘉图、马尔萨斯、马克思采用的也是这种方式。[①]尽管对于马克思是否采用联合生产的方式来处理固定资本问题是存在争议的,[②]但对固定资本研究的古典复兴为破除新古典理论的逻辑缺陷并从新的角度分析固定资本问题提供了思路。最近一些关于可转移机器的研究重新激发了对固定资本问题的研究兴趣，而且改变了以往对机器使用效率等重要问题的认识。因此，对固定资本理论进行重新梳理显得非常必要。本章是对斯拉法体系下固定资本模型的发展展开的综述性研究，将对已有模型进行重新分类并总结各模型的特点。图3.1给出了斯拉法体系下固定资本理论发展的基本情况和分类。

对于存在固定资本的经济体系，首先面临一个技术选择问题，包括机器是否值得使用、机器的最优使用年限、机器的运转速度快慢等。本章将仅考察前两个问题，重点将关注固定资本模型的成本最小化生产技术的性质。

---

① 斯拉法. 用商品生产商品——经济理论批判绪论 [M]. 巫宝三译, 北京: 商务印书馆, 1991.

② Moseley. Sraffa's interpretation of Marx's treatment of fixed capital [J]. Review of Political Economy, 2009, 21 (1): 85 – 100; Gehrke. The joint production method in the treatment of fixed capital: a comment on Moseley [J]. Review of Political Economy, 2011, 23 (2): 299 – 306; Moseley. Reply to Gehrke [J]. Review of Political Economy, 2011, 23, (2): 307 – 315.

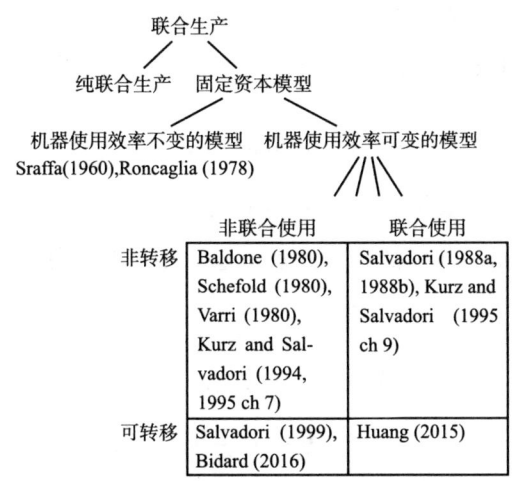

图 3.1　斯拉法体系下固定资本研究的分类

第二节　固定资本模型的共有假设和基本定义

为了将固定资本模型同一般的联合生产模型相区别,需要设定一些假设条件。共有的假设条件一般包括:第一,所有商品被区分为两类——成品和旧机器,前者既可以被用作生产资料也可以被用于消费,后者仅能被用作生产资料。需要说明的是,新机器是成品。第二,每一个生产过程生产且仅生产一种成品,可能生产一定数量的旧机器。换句话说,成品的联合生产被排除了,可能的联合产品只能是旧机器,且旧机器也只能作为联合产品出现。第三,所有的旧机器可以自由处置,也即旧机器可以在任何时期报废,且报废价格为0。

生产技术和成本最小化的生产技术被定义如下。假设经济中存在 n 种商品可以被 m 个规模报酬不变的生产方法或生产过程生产出来 ($m \geq n$)。每一个生产方法 i 用 (a_i, l_i, b_i) 表示,其中,a_i 表示半正的 n 维商品投入向量,l_i 表示劳动投入标量,b_i 表示半正的 n 维商品产出向量。将所有的商品进行排序，令前 s 个商品为成品，剩下的商品为旧机器。同时，令前 m_1 个生产过程生产第 1 种成品，随后的 m_2 个生产过程生产第 2 种成品，以此类推，最后 m_s 个生产过程生产第 s 种成品，故 $m = \sum_{i=1}^{s} m_i$。由于不存在成品的联合生产，每一个成品对应一个"部门"，即定义：所有生产同一种成品的生产过程为同一部门的生产过程。总的生产技术用下面的矩阵 A、l、B 表示：

$$A = (a_1, a_2, \cdots, a_m)^T$$
$$l = (l_1, l_2, \cdots, l_m)^T$$
$$B = (b_1, b_2, \cdots, b_m)^T$$

对于生产技术，假设 3.1 至 3.3 成立：

假设 3.1：生产任何一种商品都需要一定的商品投入，即：

$$e_i^T A \geq 0 \quad i = 1, 2, \cdots, m$$

其中，e_i 为第 i 个单位向量。

假设 3.2：所有商品都可以被生产出来，即：

$$B e_j \geq 0 \quad j = 1, 2, \cdots, n$$

假设 3.3：劳动直接或间接进入所有商品的生产，即：

$$\forall \varepsilon > 0, (x \geq 0, x^T(B - \varepsilon A) \geqq 0) \Rightarrow x^T l > 0$$

用 p 来表示价格向量，w 来表示工资率，r 来表示外生给定的利润率，x 表示生产密度向量，d 表示使用需求向量。更加具体的，假设 d 具有式（3-1）的形式：

$$d^T = g x^T A + c^T \qquad (3-1)$$

其中，g 为稳态增长率，c 为消费品向量。

因为已经假设旧机器不能被消费，所以向量 c 只有前 s 个元素中的某些元素为正，也即 $c^T = (c_s^T, 0^T)$，其中，c_s 为 s 维半正向量。计价物用半正向量 f 表示，其正的元素对应着确定被生产的商品。在自由竞争的条件下，式（3-2）成立。

$$\begin{cases} Bp \leq (1+r)Ap + wl \\ x^T Bp = x^T[(1+r)Ap + wl] \\ x^T B \geq (1+g)x^T A + c^T \\ x^T Bp = [(1+g)x^T A + c^T]p \\ f^T p = 1 \\ p \geq 0, x \geq 0, w \geq 0 \end{cases} \quad (3-2)$$

其中，$Bp \leq (1+r)Ap + wl$ 表示在给定的利润率条件下，没有任何的生产过程能够获得超额利润；$x^T Bp = x^T[(1+r)Ap + wl]$ 表示如果某一个生产过程产生额外成本，那么这个生产过程将不会被使用；$x^T B \geq (1+g)x^T A + c^T$ 表示产出的商品量不能少于生产及积累所使用的量和消费量；$x^T Bp = [(1+g)x^T A + c^T]p$ 表示如果某一种商品存在超额供给，那么这种商品的价格为零；$f^T p = 1$ 是计价物方程；$p \geq 0$，$x \geq 0$，$w \geq 0$ 为了使得模型中的变量具有经济含义。

对于式（3-2），如果存在一组解 (x^*, p^*, w^*)，就表示经济中存在一个成本最小化的生产技术。可以证明，存在一个非负的向量 z 使得式（3-3）成立时，式（3-2）的解是存在的。[①]

$$z^T[B - (1+r)A] \geq c^T \quad (3-3)$$

p^* 被称为长期价格向量，w^* 和 x^* 分别被称为长期工资率、长期生产密度向量。成本最小化的生产技术，用 (A^*, l^*, B^*) 来表示，被定义为在长期价格 p^* 和长期工资率 w^* 下不产生额外的成本，且能够以一个正的生

---

① Kurz and Salvadori. Theory of Production：A Long-Period Analysis [M]. Cambridge：Cambridge University Press, 1995.

产密度生产出使用需求向量的生产过程。具体地,对于 (A^*, l^*, B^*),式(3-4)成立。

$$\begin{cases} [B^* - (1+r)A^*]p^* = w^*l^* \\ \bar{x}^{*T}[B^* - (1+g)A^*] = c^T \end{cases} \quad (3-4)$$

其中,$\bar{x}^*$ 通过剔除 x^* 的零元素获得的。

下面几节将总结各个固定资本模型的成本最小化生产技术的性质。相对于单一生产,一般来说联合生产体系的成本最小化生产技术往往会产生很多复杂性,比如使用需求会影响成本最小化生产技术的决定、生产技术的存在并不保证成本最小化生产技术的存在,工资率—利润率曲线向右上方倾斜等。然而,在固定资本这类特殊的联合生产体系下,很多单一生产体系的特点都能够被保留。

第三节 机器使用效率不变的固定资本模型

斯拉法在《用商品生产商品——经济理论批判绪论》中提出一个简单固定资本模型。该模型只有一种类型且使用效率一直保持不变的机器。所谓机器的使用效率保持不变,斯拉法指的是:"按照在机器全部寿命期间效率不变的假设,生产资料、劳动以及这种主要产品的数量是相等的"。[①]表 3.1 给出了一个简单的例子,假设一个使用寿命为 t 年的机器 M 被用于生产成品 1,m_i 表示第 i 年机器 M 的投入或产出数量,[②] $a_{(s-1)}^{(i)}$ 表示第 i 个生产过程中除机器 M 外的商品投入,$l_1^{(i)}$ 表示劳动投入,$b_{(s-1)}^{(i)}$ 表示除机器 M 外

---

① 斯拉法. 用商品生产商品——经济理论批判绪论[M]. 巫宝三译, 北京: 商务印书馆, 1991: 69. 引文中"主要产品"就是成品。

② 此处 m_i 是为了方便表述, 同一个生产过程中, 对于同一种机器有 $m_i = m_{i+1}, i = 0, 1, \cdots, t-2$。

的商品产出（此时标准化为 e_1）。当机器 M 的使用效率不变时，有 $a_{(s-1)}^{(i)} = a_{(s-1)}^{(j)}$，$l_1^{(i)} = l_1^{(j)}$，对于 $i \neq j$。

表 3.1　　　　　　　　机器使用效率不变的一个例子

生产过程	投入							产出				
	$S-1$	M_0	M_1	...	M_{t-1}	...	L	→	$S-1$	M_0	M_1	...	M_{t-1}	...
(1)	$a_{(s-1)}^T$	m_0	0	...	0	...	l_1	→	$b_{(s-1)}^T$	0	m_1	...	0	...
(2)	$a_{(s-1)}^T$	0	m_1	...	0	...	l_1	→	$b_{(s-1)}^T$	0	0	...	0	...
⋮	⋮	⋮	⋮	⋮	⋮		⋮		⋮	⋮	⋮		⋮	
(t)	$a_{(s-1)}^T$	0	0	...	m_{t-1}		l_1	→	$b_{(s-1)}^T$	0	0	...	0	...

当机器使用效率保持不变时，对于旧机器而言技术选择问题仅仅涉及机器是否值得使用。如果机器过于昂贵而不值得使用，则成本最小化的生产技术就是一个单一生产体系；如果机器值得使用，则成本最小化的生产技术同样具有单一生产体系的性质，这可以利用表 3.1 的例子进行说明。假设表 3.1 显示的生产过程均为成本最小化的，那么式（3-5）成立：

$$\begin{cases} [a_{(s-1)}^T p_{(s-1)}^* + m_0 p_{m_0}^*](1+r) + l_1 w^* = b_{(s-1)}^T p_{(s-1)}^* + m_1 p_{m_1}^* \\ [a_{(s-1)}^T p_{(s-1)}^* + m_1 p_{m_1}^*](1+r) + l_1 w^* = b_{(s-1)}^T p_{(s-1)}^* + m_2 p_{m_2}^* \\ \quad\quad\quad\quad \cdots \\ [a_{(s-1)}^T p_{(s-1)}^* + m_{t-1} p_{m_{t-1}}^*](1+r) + l_1 w^* = b_{(s-1)}^T p_{(s-1)}^* \end{cases}$$

(3-5)

其中，$p_{(s-1)}^*$ 表示 p^* 的前 s 个元素。

如果将式（3-5）的各方程分别乘以 $(1+r)^{t-1}$，$(1+r)^{t-2}$，…，$(1+r)$，1，并将其加总，则旧机器的投入和产出相互抵消，进而获得一个不使用旧机器的一体化生产过程。对于所有使用机器的生产部门都可以获得这种一体化的生产过程。因此，这种模型成本最小化的生产技术具有单一生产体系的性质。

如果机器的使用效率一直保持不变,那么在机器联合使用的情况下同样可以证明,在成本最小化的生产技术中,使用不同类型、不同年龄的机器生产同一个成品的生产过程可以一体化为一个不使用旧机器的生产过程(Roncaglia, 1978),因此该模型成本最小化的生产技术同样具有单一生产体系的性质。类似的,如果机器的使用效率一直保持不变,具有可转移机器的固定资本模型的成本最小化生产技术同样具有单一体系的性质,第六节会详细说明这一内容。基于这些原因,与第四节至第六节的一些模型相比,使用效率保持不变的模型并不是特殊的。

第四节 使用效率可变的非转移单一机器模型

斯拉法提出的使用效率不变的单一机器模型最初被一些学者扩展为不可转移的单一机器但使用效率可变的模型(Baldone, 1980; Schefold, 1980; Varri, 1980; Kurz and Salvadori, 1994, 1995)。机器使用效率可变所带来的第一个问题是,机器的最优使用时间和机器的物理寿命并不一定保持一致。如果机器使用效率保持不变,在给定的利润率水平下某种机器是值得使用的,那么没有理由在机器物理寿命终止前停止使用。相比之下,如果机器的使用效率是递减的,那么该机器可能在物理寿命到期前就被报废,也即变成经济上的闲置。在这一类模型中,机器的最优使用寿命将由成本最小化的生产技术决定,一般来说是不能独立于收入分配关系的。

除了假设3.1至假设3.3,在这一类模型中,需要额外假设机器的非联合使用和机器的非转移。具体来看,假设对于所有的生产过程而言,每个生产过程中最多只能使用一个旧机器,且每一个生产过程最多生产出一个旧机器(非联合使用)。同时假设如果某一种旧机器被用于第 k 种成品的生产,那么这种旧机器不能被用于第 j ($k \neq j$) 种成品的生产(非转移)。仅使用成品生产出来的旧机器被称为是一年旧的机器,使用成品和一年旧的机器生产出来的机器被称为是二年旧的机器,以此类推。

令 t_i 表示部门 i 中使用的旧机器的数量,①经过整理矩阵 A 和矩阵 B 具式(3-6)和式(3-7)的形式。

$$A = \begin{array}{c} m_1 \\ m_2 \\ \vdots \\ m_s \end{array} \begin{pmatrix} \overset{s}{A_{11}} & \overset{t_1}{A_{1t_1}} & \overset{t_2}{} & \cdots & \overset{t_u}{} \\ A_{21} & & A_{2t_2} & & \\ \vdots & & & \ddots & \\ A_{s1} & & & & A_{st_u} \end{pmatrix} \quad (3-6)$$

$$B = \begin{array}{c} m_1 \\ m_2 \\ \vdots \\ m_s \end{array} \begin{pmatrix} \overset{s}{B_{11}} & \overset{t_1}{B_{1t_1}} & \overset{t_2}{} & \cdots & \overset{t_u}{} \\ B_{21} & & B_{2t_2} & & \\ \vdots & & & & \\ B_{s1} & & & & B_{st_u} \end{pmatrix} \quad (3-7)$$

其中,A_{i1} 和 B_{i1} 表示部门 i 的成品投入和产出子矩阵。

由于纯联合生产被排除,所以 B_{i1} 只有第 i 列为正,其他全部为 0。A_{it_i}(B_{it_i})表示第 i 个部门使用(生产出)的旧机器。如果第 i 个部门不使用旧机器,那么 A_{it_i} 和 B_{it_i} 为零矩阵,可以剔除掉相应的列。由于假设机器的非联合使用,所以对于子矩阵 A_{it_i} 和 B_{it_i},每一行中最多只有一个元素为正。

令 (A^*, l^*, B^*) 为成本最小化的生产技术,可以证明,对于每一个使用机器的部门 i,都存在一个向量 $x_i^T(g)$ 使得 $x_i^T(g) B_{i1}^* = e_i^T$,且 $x_i^T(g) [B_{it_i}^* - (1+g) A_{it_i}^*] = 0$,其中,$e_i$ 为第 i 个单位向量。② ($x_i^T(g) A_{it_i}^*$, $x_i^T(g) l_i^*, x_i^T(g) B_{it_i}^*$) 被称为一个生产成品 i 的核心过程或一体化的生产

---

① 例如,如果部门 1 的生产使用两种机器 M 和 N,二者的物理寿命分别为 τ_1 和 τ_2,则 $t_1 = \tau_1 + \tau_2$。即使部门 1 使用两种机器,这两种机器不会同时出现在一个生产过程中。

② Kurz and Salvadori. Choice of technique in a model with fixed capital [J]. European Journal of Political Economy, 1994, 10 (3): 545-569.

过程，其中，l_i^* 是由使用机器生产成品 i 的生产过程的劳动投入组成的向量。由这些核心过程构成的"生产技术"是一个不使用旧机器的单一体系，所以非转移单一机器模型的成本最小化生产技术具有与单一生产非常相似的特征：第一，成本最小化生产技术的决定独立于最终需求结构；第二，如果存在多个成本最小化生产技术，可以证明对于这些技术，以工资率衡量的实际生产出来的成品的价格是相同的；第三，以工资率衡量的成品的价格是利润率 r 的增函数，也即 $w-r$ 曲线是向右下方倾斜的。

成本最小化的生产技术可以确定成品的价格、旧机器的价格和使用年限。在此基础上可以进一步分析机器的折旧、使用年费和使用效率。假设某一个机器在成本最小化的生产技术下持续使用 $t+1$ 年，令 $p_0(r), p_1(r), \cdots, p_t(r)$ 表示这种机器第 $0, 1, \cdots, t$ 年的价格，第 i 年机器的折旧，也即机器的价格变化为：

$$M_i(r) = p_i(r) - p_{i+1}(r) \quad i = 0, 1, \cdots, t-1 \qquad (3-8)$$

$$M_t(r) = p_t(r) \qquad (3-9)$$

机器的使用年费为：

$$Y_i(r) = (1+r)p_i(r) - p_{i+1}(r) \quad i = 0, 1, \cdots, t-1 \qquad (3-10)$$

$$Y_t(r) = (1+r)p_t(r) \qquad (3-11)$$

对于同一种机器，如果第 i 年旧的机器的使用年费高于（低于，等于）第 $i+1$ 年旧的机器的使用年费，则称该机器的使用效率是下降（上升，不变）的。在利润率外生给定的情况下，机器价格一般是利润率的函数，因此机器折旧、使用效率的变化一般是不能独立于收入分配关系的。

本节是以机器的使用年费来定义使用效率，由此定义得出的使用效率不变与斯拉法给出的使用效率不变的定义是一致的。斯拉法在其著作中也提及："假设一台机器'm'在整个寿命中工作效率不变，并且如果产品的所有单位的价格是统一的,那么对机器 m 每年支付的利息和折旧非用也必不变。"①这种等价性可以从数理角度进行证明。

命题 3.1:令 (A,l,B) 为给定任意利润率 $r \in [\underline{r},\bar{r}]$ 条件下的成本最小化生产技术。如果对于任意 $r \in [\underline{r},\bar{r}]$,按照式 (3-10) 和式 (3-11) 定义的第 i 年的机器 M 的使用年费一直等于同种机器第 $i+1$ 年的使用年费,$i = 1,2,\cdots,t-1$,其中 $t-1$ 为机器 M 在成本最小化生产技术中被生产出来的最大年限,那么对于所有使用机器 M 生产成品的生产过程,除新机器的投入外,为生产一单位成品所消耗的其他商品投入和劳动投入是相同的。

证明:令 (a_i,l_i,b_i) 和 (a_{i+1},l_{i+1},b_{i+1}) 分别表示使用第 i 年和第 $i+1$ 年机器 M 生产成品 j 的两个生产过程,同时令第 s 个成品表示新机器 M。两个生产过程被标准化为生产 1 单位成品 j。第 i 年机器 M 的使用年费表示如式 (3-12) 所示:

$$Y_{M_i}(r) = (1+r) p^*_{M_i}(r) - p^*_{M_{i+1}}(r) = \frac{1}{m}[b^T_{i(s-1)} p^*_{i(s-1)} - (1+r) a^T_{i(s-1)} p^*_{i(s-1)} - l_i w^*]$$

(3-12)

其中,m 表示为生产一单位成品 j 所消耗的机器 M 的数量,$b_{i(s-1)}$,$a_{i(s-1)}$ 和 $p^*_{i(s-1)}$ 分别表示 b_i,a_i 和 p^* 的前 ($s-1$) 个元素。

因为 $b_{i(s-1)} = b_{i+1,(s-1)}$,如果 $Y_{M_i}(r) = Y_{M_{i+1}}(r)$,则:

$$(1+r) a^T_{i(s-1)} p^*_{i(s-1)} + l_i w^* = (1+r) a^T_{i+1,(s-1)} p^*_{i(s-1)} + l_{i+1} w^*$$

(3-13)

或:

$$(1+r)(a^T_{i(s-1)} - a^T_{i+1,(s-1)}) \frac{p^*_{i(s-1)}}{w^*} = l_{i+1} - l_i \quad (3-14)$$

---

① 斯拉法. 用商品生产商品——经济理论批判绪论 [M]. 巫宝三译,北京:商务印书馆,1991:68.

从这一节的分析可知，以工资率衡量的成品价格是利润率 r 的增函数，r 的上升会使得 $(1+r)\frac{p^*_{i(s-1)}}{w^*}$ 上升，如果要保证式（3-14）对于任意的 $r \in [\underline{r}, \bar{r}]$ 成立，则必然有 $a^T_{i(s-1)} = a^T_{i+1,(s-1)}$ 和 $l_{i+1} = l_i$，命题得证。

Q. E. D.

第五节 使用效率可变的非转移联合使用机器模型

隆卡利亚（Roncaglia，1978）最早提出一个非转移联合使用机器的模型，但该模型中机器的使用效率是保持不变的。萨尔瓦多里（Salvadori，1988a，1988b）最早建立了使用效率可变的联合使用机器模型，但他在模型中仍然假设机器的不可转移性。因机器的不可转移性假设仍然成立，故生产技术矩阵 A 和 B 仍然具有式（3-6）和式（3-7）的形式，与非转移单一机器模型相比，此时子矩阵 A_{it_i} 和 B_{it_i} 的每一行可以有多于一个元素为正。

在使用效率可变的联合使用机器模型中，萨尔瓦多里（1988a，1988b）证明了成本最小化的生产技术的决定是独立于消费结构的，相比之下，投资（经济增长率）可能会影响成本最小化生产技术的决定。后一个结论产生的原因是由于，旧机器可以被联合用于生产同一个成品的生产过程，这些生产过程相对生产密度的变化会决定这些旧机器是否出现生产过剩。而投资（经济增长率）会影响生产同一个成品的不同生产过程的生产密度，因此会决定旧机器是否出现生产过剩，从而能够影响相对价格和成本最小化生产技术的决定。

成本最小化生产技术的决定独立于消费结构可以表述为：假设 x^*，p^* 和 w^* 是式（3-2）在给定消费向量 c_1 情况下的解，那么对于另一个消费向

量 $c_2 \neq c_1$，存在 x^{**}，p^* 和 w^* 是式（3-2）的一组解。这一结论可以概要证明如下。令 $x^* = [x_1^{*T}, x_2^{*T}, \cdots, x_s^{*T}]^T$，其中，$x_i^*$ 为部门 i 的生产密度，定义矩阵 Q，其第 i 行为 $x_i^{*T} B_{1i}$，定义矩阵 H，其第 i 行为 $x_i^{*T} A_{1i}$，则式（3-2）中的 $x^T B \geq (1+g) x^T A + c^T$ 可以表述为式（3-15）：

$$\begin{cases} e^T [Q - (1+g)H] \geq c_{1s}^T \\ x_i^{*T} [B_{1t_i} - (1+g) A_{1t_i}] \geq 0 \quad i = 1, 2, \cdots, u \end{cases} \quad (3-15)$$

其中，c_{1s} 为 c_1 前 s 个元素组成的向量。

从 $e^T [Q - (1+g) H] \geq c_{1s}^T$ 可知矩阵 $[Q - (1+g)H]$ 是可逆的且其逆矩阵是半正的，①因此存在一个向量 v 使得 $v^T [Q - (1+g)H] \geq c_{2s}^T$，其中 c_{2s} 为 c_2 前 s 个元素组成的向量。同时，对 x_i^* 进行标量乘不会改变 $x_i^{*T} [B_{1t_i} - (1+g) A_{1t_i}] \geq 0$，也即 $v_i x_i^*$ 同样满足 $v_i x_i^{*T} [B_{1t_i} - (1+g) A_{1t_i}] \geq 0$，其中 v_i 为 v 的第 i 个元素。因此对于向量 c_2，存在向量 x^{**}，p^* 和 w^* 作为式（3-2）的一组解，其中 $x^{**} = [v_1 x_1^{*T}, v_2 x_2^{*T}, \cdots, v_s x_s^{*T}]^T$。

对于这一类模型，萨尔瓦多里（Salvadori，1988a）进一步证明了，在 $r = g$ 的情况下，即使存在多于一个成本最小化的生产技术，那么以工资率衡量的实际生产出来的成品的价格是唯一的。但这一结论在 $r \neq g$ 的情况下不一定成立。同时，即使在 $r = g$ 的情况下，以工资率衡量的旧机器的价格也不一定唯一。

在分析成本最小化的生产技术时没有必要引入机器的年龄和类型，但在分析机器的折旧和使用效率时必须对年龄和类型进行定义。在给出机器年龄和类型定义的基础上（Salvadori，1988a；Kurz and Salvadori，1995），对于机器的折旧、使用年费和使用效率的分析与非转移单一机器模型相同。需要额外强调的一点是，在机器联合使用的情况下，某一种机器价格

---

① Kurz and Salvadori. Theory of Production: A Long-Period Analysis [M]. Cambridge: Cambridge University Press, Mathematical Appendix, 1995.

的决定是离不开其他类型机器的价格的，因此不同类型机器的折旧、使用年费和使用效率一般而言是相互影响的（Roncaglia，1978；Lager，1997）。

第六节　非联合使用可转移机器模型

在第四节和第五节的模型中，机器的不可转移性对于获得模型的性质至关重要。一般来说，如果允许机器的可转移性，那么模型将会面临一些纯联合生产的难题，此时的经济系统被舍福尔德（Schefold，1989）称为"连锁的"。但是，在机器的使用效率满足一定条件时，可转移机器模型将不会产生纯联合生产的一些难题。

斯拉法认识到了机器的可转移性所带来的问题。他指出当机器可以被用于不同的部门时，机器的使用寿命可能不同，或者使用寿命相同但机器的使用效率可能不同。然而，"如果在所有生产部门中机器有相同的工作寿命和不变效率，每一年龄的帐面价值会在所有生产部门中相等，因为每年费用会等于第75节所述的年金"。[1]

也就是说，如果机器在所有部门的使用寿命和使用效率均相同，那么机器的可转移性就不会产生任何复杂性。斯拉法这一建议被萨尔瓦多里扩展，他认为，如果机器的使用效率可变但使用效率的变化路径与机器的使用部门无关的话，可转移机器仍然不会产生任何复杂性（Salvadori，1999）。

萨尔瓦多里（1999）将分析仅限于机器不可联合使用的情形，即除了假设3.1至假设3.3以外，还需要假设机器不可联合使用，但机器不可转移性的假设却被排除，取而代之的是一个"统一效率路径公理"。该假设可

---

[1] 斯拉法．用商品生产商品——经济理论批判绪论 [M]．巫宝三译，北京：商务印书馆，1991：70.

以表述如下：如果某一种机器 M 被用于两种不同的成品 i 和 j 的生产，那么存在一个向量 $(a_{ij}^T, b_{ij}^T, l_{ij})$，使得对于每一个使用机器 M（新机器或者旧机器）生产成品 i 的生产过程 (a_s^T, b_s^T, l_s)，都存在一个使用机器 M（新机器或者旧机器）生产成品 j 的生产过程 (a_t^T, b_t^T, l_t)，使得 (a_t^T, b_t^T, l_t) 是 (a_s^T, b_s^T, l_s) 和 $(a_{ij}^T, b_{ij}^T, l_{ij})$ 的线性组合。

"统一效率路径公理"的经济含义可以理解为，随着机器 M 从生产成品 i 的某一生产过程 (a_s^T, b_s^T, l_s) 转移到生产成品 j 的某一生产过程 (a_t^T, b_t^T, l_t)，产出的变化（b_{ij}^T）要求投入也发生变化（a_{ij}^T 和 l_{ij}）。如果机器 M 的使用效率的变化与生产的成品无关，则对于其他任意的生产成品 i 的生产过程 $(a_s'^T, b_s'^T, l_s')$，在经过一定的标准化处理之后，将其投入进行调整（对 $a_s'^T$ 和 l_s' 同 a_{ij}^T 和 l_{ij} 进行线性组合），则同样可以生产出成品 j（产出由 $b_s'^T$ 变为 $b_t'^T$），即可以获得一个生产过程 $(a_t'^T, b_t'^T, l_t')$ 生产成品 j。

可以用一个简单的例子来说明"统一效率路径公理"，如表3.2所示。在表3.2中，生产过程（1）和（2）为使用一种机器 M 生产玉米的生产过程。机器 M 同样可以用于生产小麦，即生产过程（3）。当机器 M 由生产玉米的生产过程（1）转移到生产小麦的生产过程（3）时，产出变化为（-1，1，0，0），这要求商品和劳动投入发生变化（1/5，1/5，0，0）和 1/2，该向量为经过标准化的 a_{ij}^T 和 l_{ij}。如果机器 M 的使用效率路径与生产玉米和小麦无关，则生产过程（2）的商品投入和劳动投入发生同样的变化也可以获得一个生产小麦的生产过程，即生产过程（4）。

在"统一效率路径公理"成立的情况下，可以证明当一个可转移的机器 M 被用于生产成品 i 和成品 j 时，如果在成本最小化生产技术中生产成品 i 的生产过程连续使用 t 年机器 M，那么在成本最小化的生产技术中同样存在连续使用 t 年机器 M 的生产成品 j 的生产过程。在表3.2的例子中，如果生产过程（1）和（2）是成本最小化的，那么可以证明生产过程（3）和（4）也是成本最小化的。根据非转移单一机器模型的性质可知，这些

连续使用机器 M 的生产成品 i 的生产过程可以整合为一个不使用旧机器的一体化生产过程,对于使用机器 M 生产成品 j 的生产过程同样如此。因此,在"统一效率路径公理"成立的情况下,可转移单一机器模型与不可转移单一机器模型具有同样的性质,其成本最小化生产技术都具有单一生产体系的性质。

表 3.2　　　　　　　　　一个带有可转移机器的例子

生产过程	投入					→	产出			
	玉米	小麦	M_0	M_1	劳动		玉米	小麦	M_0	M_1
(1)	1/15	1/5	1	0	1/2	→	1	0	0	1
(2)	3/20	1/10	0	1	1/2	→	1	0	0	0
(3)	4/15	2/5	1	0	1	→	0	1	0	1
(4)	7/20	3/10	0	1	1	→	0	1	0	0

在"统一效率路径公理"成立的情况下,如果将用于生产不同成品的机器看作两种不同的机器,比如生产成品 i 和 j 的机器 M 被看作机器 N 和机器 Q,则同样年龄的机器 N 和机器 Q 具有相同的价格,故两者具有相同的折旧路径和使用效率变化路径。这也是该假设条件被称为"统一效率路径公理"的原因。

第七节　可转移机器模型的发展与争议

尽管萨尔瓦多里(1999)将其分析限制在单一机器的模型上,但他推断单一机器的情形可以推广到联合使用机器的情形。然而"统一效率路径公理"不能被直接应用于联合使用机器的情形,原因在于:第一,"统一效率路径公理"中定义的 $(a_{ij}^T, b_{ij}^T, l_{ij})$ 在联合使用机器的情况下可能不存在。在机器不可联合使用的情况下,使用同一机器生产不同成品的两个生产过程的差别仅仅在于非机器的商品投入、劳动投入和商品产出，在联合使用机器的情况下，这两个生产过程的差别还可能包括其他不同类型、不同年龄的机器，因此不可能一直存在向量 $(a_{ij}^T, b_{ij}^T, l_{ij})$。第二，在机器可以联合使用的情况下，机器的价格和使用效率是相互影响的，某种机器的使用效率一般会受到与其联合使用的其他机器使用效率的影响，因此一般是不能独立于机器使用的生产部门的。

但是，可以证明经过适当的修正，"统一效率路径公理"可以被用于联合使用机器的情形，并且此时可转移且联合使用机器的模型与非转移联合使用机器的模型具有同样的性质（Huang, 2015）。

对于可转移机器模型的这些最新发展，比达尔（Bidard, 2016）提出一些异议。他的主要观点可以概括如下：首先，"统一效率路径公理"成立的情况下，对于每一个带有可转移机器的模型，都可以找到一个与之对应的非转移机器的模型，前者中的可转移机器等同于后者中两种不可转移的机器。其次，"统一效率路径公理"更应该从盈利的角度来解释，应该称作"同等盈利"假设，重点不在于机器的使用效率，而在于这一核心假设条件使得使用可转移机器的不同的生产部门存在着对应的相同盈利程度的生产过程。总之，比达尔认为，"统一效率路径公理"（或他说的同等盈利假设）这一假设过于强烈，且在其成立情况下可转移机器模型完全可以用非可转移机器模型来分析，因此完全没有必要引入这一特殊假设条件来研究带有可转移机器的模型。

比达尔的分析虽然是从一个新的角度来解释"统一效率路径公理"和可转移机器的模型，但他的观点却是难以让人接受的。首先，比达尔提出的"同等盈利"解释虽然不与萨尔瓦多里的解释相矛盾，但是"同等盈利"是在机器的使用效率变化路径独立于所在的生产部门这一假设前提下的必然结论。换句话说，对使用效率进行的界定是假设，而"同等盈利"是结论。从理论研究的角度来说，把需要证明的结论作为假设前提显然是不合理的。其次，使用效率对于可转移机器的重要性在斯拉法本人的著作中已经被提出，萨尔瓦多里所做的工作是对斯拉法的提示的扩展，而并非没有意义。最后，对于可转移机器的研究并没有否认不可转移机器模型的重要性，且同时扩展了固定资本模型的研究范围，获得了新的认识。如果说"统一效率路径公理"是一个非常强烈的假设，那么机器的不可转移性又何尝不是一种过强的假设呢？

| 第四章 |

现代古典体系下固定资本模型的扩展：
一个带有可转移与联合使用机器的模型

斯拉法（1960）复兴了古典理论以联合产品来处理固定资本的方式，即将进入生产过程的机器和离开该生产过程的同一台机器看作两种不同的商品。如第三章所述，斯拉法之后，现代古典框架下对固定资本问题的研究大体可以按照机器的使用效率是否可变分成两大类，在机器使用效率可变的情况下，又可以根据机器是否可以联合使用和机器是否可以转移分成四类：非转移且非联合使用机器的模型（Baldone，1980；Schefold，1980；Varri，1980；Kurz and Salvadori，1994，1995），非转移且可联合使用机器的模型（Roncaglia，1978；Salvadori，1988a，1988b；Kurz and Salvadori，1995），可转移且非联合使用机器的模型（Salvadori，1999）以及可转移且可联合使用机器的模型。从现有的研究来看，现代古典理论体系下固定资本模型的研究大多集中在非转移机器的模型，而对于可转移机器模型的研究相对较少。

非转移机器的固定资本模型往往具有良好的性质。例如，在非转移且非联合使用机器（或单一机器）模型下，成本最小化的生产技术的决定是独立于最终需求结构的，也就是说，最终需求的结构变化不会对技术选择产生影响，即无替代定理成立。① 在非转移、联合使用机器的固定资本模型下，成本最小化的生产技术的决定往往不能独立于最终需求结构，但可以独立于消费结构。相比之下，学界对带有可转移机器的固定资本模型的研究相对较少，多数学者认为引入可以转移机器会产生一些纯联合生产下的复杂性，例如需求结构会影响技术选择，工资率—利润率曲线向右上方倾斜等。但是，萨尔瓦多里（1999）证明了，如果固定资本模型满足一定合理性条件，那么即使是带有可转移机器的模型仍然可以具有良好的性质。实际上，可转移机器可能引起的问题，斯拉法在《用商品生产商品——经济理论批判绪论》中已经有所启示，"同类机器（例如卡车）可以在好几个生产部门中使用，并且在一个生产部门中使用的磨损程度可以比另一个生产部门大，因此寿命较短；或者，即使全部寿命相同，其效率的下降率可以年年不同，或者需要更多的维修"。② 可以发现，斯拉法似乎暗示可转移机器所带来的问题，或者是由于可转移机器在不同的部门使用寿命不同，或者是由于可转移机器在不同部门的使用效率不同，或者两种情况兼有。因此，按照这一暗示，如果假设可转移机器在不同部门的使用寿命和使用效率相同，那么就可以避免纯联合生产下所产生的问题。萨尔瓦多里根据斯拉法的这一暗示，将上述假设扩展为可转移机器的使用效率是可变的，但是其使用效率路径与机器所处的部门无关。举例来说，如果某一机器 M 可以被用于生产商品1和商品2，那么不管机器 M 被用于哪种

---

① 无替代定理（non-substitution theorem）是由多夫曼、索罗和萨缪尔森提出的，随之引起了较多学者的讨论，见 Dorfman, Samuelson and Solow. Linear Programming and Economic Analysis [M]. New York：McGraw-Hill, 1958；Arrow K. J. Alternative proof of the substitution theorem for Leontief models in the general case, in T. C. Koopmans. Activity Analysis of Production and Allocation [M]. New York：John Wiley & Sons, 1951；Koopmans T. C. Alternative proof of the substitution theorem for Leontief models in the case of three industries, in T. C. Koopmans. Activity Analysis of Production and Allocation [M]. New York：John Wiley & Sons, 1951；Samuelson P. A. Abstract of a theorem concerning substitutability in open Leontief models, in Koopmans, T. C. Activity Analysis of Production and Allocation [M]. New York：John Wiley & Sons, 1951.

② 斯拉法. 用商品生产商品——经济理论批判绪论 [M]. 北京：商务印书馆，1991：70.

商品的生产，其使用效率路径都是相同的，这一假设条件被萨尔瓦多里称为统一效率路径公理。在这一公理成立的条件下，萨尔瓦多里证明了如果机器不可以联合使用，那么即使机器可转移，该固定资本模型仍然具有单一生产体系的性质。萨尔瓦多里的分析仅限于机器不可联合使用的情形，本章则将萨尔瓦多里模型扩展为机器可以联合使用的情形，也即本章的模型同时允许机器的可转移和联合使用。与萨尔瓦多里的模型类似，本章同样假设萨尔瓦多里提出的统一效率路径公理成立，只是为了适应联合使用机器的情形，统一效率路径公理将被适当修改。本章将证明，在修改后的统一效率路径公理成立的情况下，机器的可转性仍然不会产生纯联合生产下的一些复杂性，非转移、联合使用机器固定资本模型的性质仍然可以保留。

第一节　基本定义和模型假设

假设经济中存在 n 种完全可分的商品，这些商品可以被 m 个完全可分的生产过程或生产方法生产出来。每一个生产过程 i（$i = 1, 2, \cdots, m$）用 (a_i, b_i, l_i) 来表示，其中，$a_i^T = (a_{i1}, a_{i2}, \cdots, a_{in})$ 表示非负的 n 维商品投入向量，l_i 表示非负的劳动投入标量，$b_i^T = (b_{i1}, b_{i2}, \cdots, b_{in})$ 表示非负的 n 维商品产出向量。整体经济的生产技术用 (A, B, l) 来表示：

$$A = (a_1, a_2, \cdots, a_m)^T$$
$$l = (l_1, l_2, \cdots, l_m)^T$$
$$B = (b_1, b_2, \cdots, b_m)^T$$

对于生产技术，假设 4.1 至假设 4.3 成立：

假设 4.1：生产任何一种商品都需要一定的商品投入，即：

$$e_i^T A \geqslant 0 \quad i = 1, 2, \cdots, m$$

其中，e_i 为第 i 个单位向量。

假设 4.2：所有商品都可以被生产出来，即：

$$Be_j \geqq 0 \quad j = 1, 2, \cdots, n$$

假设 4.3：劳动直接或间接进入所有商品的生产，即：

$$\forall \varepsilon > 0, (x \geqq 0, x^T(B - \varepsilon A) \geqq 0) \Rightarrow x^T l > 0$$

接下来，给出带有可转移机器且可联合使用机器模型的假设条件。

假设 4.4：n 种商品的集合 N 可以被分解为三个不相交子集 S、K 和 H，即 $S \cap K = \emptyset$，$K \cap H = \emptyset$，$S \cap H = \emptyset$，$S \cup K \cup H = N$。S、K 和 H 具有下面的性质：

（1）在 $K \cup H$ 中的商品不能被用作消费品，即消费向量 c 对应于 $K \cup H$ 中商品的元素为 0。

（2）每一个生产过程生产一个且仅生产一个在 S 中的商品，同时可能生产一定量的属于 $K \cup H$ 中的商品。每一个生产过程使用一些 S 中的商品作为投入品，同时可能使用一定量的在 $K \cup H$ 中的商品作为投入品。

（3）如果存在一个商品 $k \in K$，被一个生产商品 $s_1 \in S$ 的生产过程生产出来，那么对于所有的生产商品 $s_2 \in S$（$s_2 \neq s_1$）的生产过程，这些生产过程既不生产商品 k 作为产出，也不使用 k 作为投入。

（4）对于每一个生产商品 $j \in K \cup H$ 的生产过程，都存在另一个生产商品 j 的且使用相同投入、生产除商品 j 外相同产出的生产过程。

本章接下来将使用 $\mathbb{T}$ 表示 $K \cup H$。在假设 4.4 中，在集合 S 中的商品被称为成品，在集合 $\mathbb{T}$ 中的商品被称为旧机器。进一步，在集合 K 中的商品被称为不可转移的旧机器，在集合 H 中的商品被称为可转移的旧机器。

根据假设 4.4，一个商品要么是成品，要么是旧机器，一个商品不能同时作为两者存在。假设 4.4 的性质（1）意味着旧机器不能被用作消费品。假设 4.4 的性质（2）意味着成品不存在联合生产，因此可以定义一个部门：令所有生产同一种成品的生产过程构成一个部门，即所有生产成品 i 的生产过程被定义为部门 i（$i = 1, 2, \cdots, s$）。假设 4.4 的性质（3）表

明在集合 K 中的旧机器是不能从一个部门转移到另一个部门的。假设4.4的性质（4）意味着旧机器可被自由处置（报废价值为0）。

假设存在 μ_i 个生产成品 i 的生产过程。将 (A,B,l) 中的生产过程按照下面的方式重新排列：前 μ_1 个生产过程生产商品1，接下来 μ_2 个生产过程生产商品2，等等。将所有的商品进行重新排列：前 s 个商品在集合 S 中，随后 k 个商品在集合 K 中，剩下的商品在集合 H 中。令 K_i 和 H_i 分别表示在部门 i 中使用的不可转移机器和可转移机器的集合。假设4.4意味着 $K_i \cap K_j = \emptyset$，对于 $i \neq j$，而 $H_i \cap H_j$ 可以为空集，也可以为非空集。但是，对于每一个 $H_i \neq \emptyset$，至少存在一个 H_j，使得 $H_i \cap H_j \neq \emptyset$，否则 $H_i \subset K_i$，也即意味着 $H_i = \emptyset$。

假设4.5：规模报酬不变。

因此，可以将所有的生产过程按照其生产的成品来进行标准化，即如果 $j \in S$，$\sum_{k=0}^{j-1} \mu_k < i \leq \sum_{k=1}^{j} \mu_k$（$\mu_0 \equiv 0$），那么 $b_{ij} = 1$。

为了引入机器的使用效率和折旧，下面的假设4.6将对机器的年龄和类型进行定义。

假设4.6：在集合 $\mathbb{T}$ 中的商品，可以按照下面的方式将其实物单位进行标准化：存在两个自然数 u 和 v，使得集合 $\mathbb{T}$ 可以被分解为 u 个子集 $\mathbb{T}_{1*}$，$\mathbb{T}_{2*}$，$\cdots$，$\mathbb{T}_{u*}$，也可以被分解为 v 个子集 $\mathbb{T}_{*1}$，$\mathbb{T}_{*2}$，$\cdots$，$\mathbb{T}_{*v}$，同时这些子集具有下面的性质：

(1) $\mathbb{T}_{i*} \cap \mathbb{T}_{j*} = \emptyset (i \neq j)$；$\cup_{i=1}^{u} \mathbb{T}_{i*} = \mathbb{T}$；$\mathbb{T}_{*i} \cap \mathbb{T}_{*j} = \emptyset (i \neq j)$；$\cup_{j=1}^{v} \mathbb{T}_{*j} = \mathbb{T}$。

(2) 集合 $\mathbb{T}_{ij} = \mathbb{T}_{i*} \cap \mathbb{T}_{*j}$ 要么是空集，要么仅包含一个商品元素。

(3) 如果 $\mathbb{T}_{ij} = \emptyset$，则 $\mathbb{T}_{i,j+1} = \emptyset$。

(4) 对于每一个集合 $\mathbb{T}_{i*}$，存在一个商品 $s_i \in S$ 使得下面的条件成立：如果某一个生产过程其产出包括 β 单位的属于集合 $\mathbb{T}_{i1}$ 的商品，则这个生产过程的投入中将使用 β 单位的商品 s_i。

(5) 令集合 $\mathbb{T}_{ij} \neq \emptyset, j \geq 2$。如果某一个生产过程其产出包括 β 单位的属于集合 $\mathbb{T}_{ij}$ 的商品，则这个生产过程的投入中将使用 β 单位的属于集合

$\mathbb{T}_{i,j-1}$ 的商品。

在假设 4.6 中，u 是机器种类的数量，v 是机器年龄的数量。假设 4.6 意味着机器或者可以根据其种类分为 u 个组，或者根据其年龄分为 v 个组。在假设 4.6 的性质（2）中，在集合 $\mathbb{T}_{ij} \neq \emptyset$ 中的商品是 j 年旧的 i 种机器。假设 4.6 的性质（3）表明如果不存在一个 j 年旧的 i 种类型的机器，那么将不存在一个 $j+1$ 年旧的 i 种类型的机器。假设 4.6 的性质（4）中的商品 s_i 是一个新机器。假设 4.6 的性质（5）意味着，如果存在一个 β 单位的 $j(j \geq 2)$ 年旧的 i 种类型的机器被某一个生产过程生产出来，则该生产过程的投入品中将使用 β 单位的 $j-1(j \geq 2)$ 年旧的 i 种类型的机器。

在萨尔瓦多里（1999）的模型中，一个核心的假设条件是可转移机器的使用效率路径独立于该机器被使用的部门（统一效率路径公理），[①] 具体表述如下。

统一效率路径公理：如果某一种类型的机器被用于生产成品 i 和成品 $j(i \neq j)$，那么存在一个向量 $(a_{ij}^T, b_{ij}^T, l_{ij})$，使得每一个使用该种类型机器（无论新机器还是旧机器）生产成品 i 的生产过程 (a_s^T, b_s^T, l_s)，都存在一个生产成品 j 的生产过程 (a_t^T, b_t^T, l_t) 且 (a_t^T, b_t^T, l_t) 是向量 (a_s^T, b_s^T, l_s) 和向量 $(a_{ij}^T, b_{ij}^T, l_{ij})$ 的线性组合。

统一效率路径公理可以保证，在旧机器不被联合使用的情况下，当某一个可转移的 α 类型机器被用于生产成品 i 和成品 $j(i \neq j)$ 时，如果将该机器看作两种不同类型的机器，那么两种不同类型的机器具有相同的使用效率路径（Salvadori，1999）。举例来说，某种机器用于生产另种不同颜色衣服（相似的但是不同成品），这种机器的使用效率路径会因为生产不同的衣服而改变。

但是，当旧机器可以被联合使用时，统一效率路径公理可能不成立。

[①] 关于机器使用效率的定义，见 Kurz and Salvadori. Theory of Production：A Long-Period Analysis [M]. Cambridge：Cambridge University Press，1995：203.

| 第四章　现代古典体系下固定资本模型的扩展：一个带有可转移与联合使用机器的模型 |

原因在于，第一，公理中的向量 $(a_{ij}^T, b_{ij}^T, l_{ij})$ 可能不存在。对于非联合使用机器的情况，生产成品 i 的生产过程 (a_s^T, b_s^T, l_s) 和生产成品 j 的生产过程 (a_t^T, b_t^T, l_t) 的区别仅在成品，但是当机器可以联合使用的情况下，生产成品 i 和 j 的生产过程可以包括不同类型的、不同年龄的机器，这两个生产过程的区别也不仅仅在于成品，因此可能难以找到满足公理的向量 $(a_{ij}^T, b_{ij}^T, l_{ij})$。第二，当机器可以联合使用时，某一种类型机器的使用效率不仅仅取决于和它共同使用的流动资本、劳动力和产出水平，而且也取决于和它联合使用的其他类型机器。也就是说，联合使用的机器的效率是相互影响的。当某一种可转移机器被用于生产不同成品时，这种机器在不同的部门同不同类型的机器联合使用来生产成品，此时这种可转移机器的使用效率会受和它联合使用的其他类型的机器影响，因而可能不能保持该可转移机器的使用效率路径是相同的。总之，在机器可以联合使用的情况下，统一效率路径公理需要进行适当的修改，公理中的向量 $(a_{ij}^T, b_{ij}^T, l_{ij})$ 需要仅适用于可转移机器，具体来说：如果与某种可转移 α 类型的机器联合使用的其他机器被忽略时，可转移 α 类型的机器其使用效率是统一的。具体的，统一效率路径公理将被修改为假设 4.7 的形式。

假设 4.7：如果某一个 α 类型的机器被用于生产成品 i 和成品 j ($i \neq j$)，那么存在一个向量 $(a_{ij}^{\alpha T}, b_{ij}^{\alpha T}, l_{ij}^{\alpha})$，使得每一个使用 α 类型机器（无论新机器还是旧机器）生产成品 i 的生产过程 (a_s^T, b_s^T, l_s)，都存在一个生产成品 j 的生产过程 (a_t^T, b_t^T, l_t)，且 $(a_t^T \mathbb{I}^\alpha, b_t^T \mathbb{I}^\alpha, l_t)$ 是向量 $(a_s^T \mathbb{I}^\alpha, b_s^T \mathbb{I}^\alpha, l_s)$ 和向量 $(a_{ij}^{\alpha T}, b_{ij}^{\alpha T}, l_{ij}^{\alpha})$ 的线性组合。$\mathbb{I}^\alpha$ 是一个对角矩阵，其对角元素为 1 或 0：

$$\mathbb{I}_m^\alpha = \begin{cases} 1 & \text{如果 } m \in S \text{ 或 } m \in H_i^\alpha \cap H_j^\alpha \\ 0 & \text{其他} \end{cases}$$

$\mathbb{I}_m^\alpha$ 是 $\mathbb{I}^\alpha$ 的对角元素，H_i^α 是所有的出现在部门 i 中（不论是作为投入还是作为产出）的 α 类型机器。

假设 4.7 一方面将统一效率路径公理一般化了，因为该假设允许机器可以联合使用（如果不存在联合使用机器的情形，该假设就是统一效率路径公理）。另一方面，假设4.7限制了可转移机器具有统一效率路径的理论解释，原因在于联合使用的机器之间的效率是不能相互独立的。只有在下面之一的情形下，假设4.7可以被解释为可转移机器的使用效率路径是统一的：（1）每一个可转移机器同和它联合使用的机器共同组成一个设备，即它们一直以相同的年龄出现在生产过程中；[①]（2）不同年龄的可转移机器同相同年龄和相同类型的其他机器一同联合使用；（3）所有和可转移机器联合使用的机器具有不变的使用效率；（4）可转移机器本身具有不变的使用效率。在本章中假设4.7被称为修正的统一效率路径公理。

为了让假设4.7更加清晰，下面给出一个简单的例子来说明。假设存在7种商品，前4种商品属于集合S，其他商品属于集合$\mathbb{T}$。消费向量c具有下面的符号形式：$c = (+, +, 0, \cdots, 0)^T$。$u = 2, v = 2$，也即共有2种类型的旧机器，且旧机器是2年旧的。

令Π和Σ表示机器的类型。$\mathbb{T}_{\Sigma 2} = \emptyset$，也即没有2年旧的$\Sigma$类型的机器，$\Sigma$类型的机器只能使用2年。商品3是一个新的$\Pi$类型机器；商品4是一个新的$\Sigma$类型的机器。表4.1给出了一些（不是所有的）生产商品1和商品2的生产过程。

表4.1　　　　　　　　生产商品1和商品2的部分生产过程

生产过程	投入								→	产出						
	1	2	Π_0	Σ_0	Π_1	Π_2	Σ_1	L	→	1	2	Π_0	Σ_0	Π_1	Π_2	Σ_1
(1)	a_{11}	a_{12}	+	+	0	0	0	l_1	→	b_{11}	0	0	0	+	0	+
(2)	a_{21}	a_{22}	+	0	0	0	+	l_2	→	b_{11}	0	0	0	+	0	0
(3)	a_{31}	a_{32}	0	+	+	0	0	l_3	→	b_{11}	0	0	0	0	+	0
(4)	a_{41}	a_{42}	0	0	+	0	+	l_4	→	b_{11}	0	0	0	0	+	0

---

① 对于设备的定义，可见 Kurz and Salvadori. Theory of Production：A Long-Period Analysis [M]. Cambridge：Cambridge University Press, 1995：207, 266. 在这种情况下，这个设备的使用效率路径是统一的。

| 第四章 现代古典体系下固定资本模型的扩展：一个带有可转移与联合使用机器的模型 |

续表

生产过程	投入								产出						
	1	2	Π_0	Σ_0	Π_1	Π_2	Σ_1	L	→	1	2	Π_0	Σ_0	Π_1	Π_2	Σ_1
(5)	a_{51}	a_{52}	0	+	0	+	0	l_5	→	b_{11}	0	0	0	0	0	+
(6)	a_{61}	a_{62}	0	0	0	+	+	l_6	→	b_{11}	0	0	0	0	0	0
(7)	a_{71}	a_{72}	0	+	0	0	0	l_7	→	0	b_{72}	0	0	0	0	+
(8)	a_{81}	a_{82}	0	0	0	0	+	l_8	→	0	b_{72}	0	0	0	0	0

表 4.1 的所有生产过程均已用成品来标准化，即 $b_{11} = b_{72} = 1$。从表 4.1 可以知道，$\Pi \in K$，$\Sigma \in H$。如果假设 4.7 成立，那么从表 4.1 可以知道还存在另外 4 个生产商品 2 的生产过程，并且这些生产过程使用旧机器 Σ。这些生产过程被列在表 4.2 中。

表 4.2　　　　　　　　满足假设 4.7 的生产商品 2 的生产过程

生产过程	投入								产出						
	1	2	Π_0	Σ_0	Π_1	Π_2	Σ_1	L	→	1	2	Π_0	Σ_0	Π_1	Π_2	Σ_1
(9)	a_{91}	a_{92}	0	+	0	0	0	l_9	→	0	b_{72}	0	0	0	0	+
(10)	$a_{10,1}$	$a_{10,2}$	0	0	0	0	+	l_{10}	→	0	b_{72}	0	0	0	0	0
(11)	$a_{11,1}$	$a_{11,2}$	0	+	0	0	0	l_{11}	→	0	b_{72}	0	0	0	0	+
(12)	$a_{12,1}$	$a_{12,2}$	0	0	0	0	+	l_{12}	→	0	b_{72}	0	0	0	0	0

因为和 Σ 联合使用的非可转移机器是 Π_1 和 Π_2，所以假设 4.7 中的矩阵 $\mathbb{I}$ 为：

$$\mathbb{I} = \begin{pmatrix} 1 & & & & & & \\ & 1 & & & & & \\ & & 1 & & & & \\ & & & 1 & & & \\ & & & & 0 & & \\ & & & & & 0 & \\ & & & & & & 1 \end{pmatrix}$$

如果假设 4.7 成立，存在一个向量 $(a_{ij}^{\alpha T}, b_{ij}^{\alpha T}, l_{ij}^{\alpha})$，使得以下两个等式

成立：

生产过程$(7) \times \mathbb{I} =$ 生产过程$(1) \times \mathbb{I} + (a_{ij}^{\alpha T}, b_{ij}^{\alpha T}, l_{ij}^{\alpha})$

生产过程$(8) \times \mathbb{I} =$ 生产过程$(2) \times \mathbb{I} + (a_{ij}^{\alpha T}, b_{ij}^{\alpha T}, l_{ij}^{\alpha})$

……

或者：

$(a_{11}, a_{12}, \pi_0, \sigma_0, 0, 0, 0, l_1, b_{11}, 0, 0, 0, 0, 0, \sigma_1) -$

$(a_{71}, a_{72}, 0, \sigma_0, 0, 0, 0, l_7, 0, b_{72}, 0, 0, 0, 0, \sigma_1) =$

$(a_{21}, a_{22}, \pi_0, 0, 0, 0, \sigma_1, l_2, b_{11}, 0, 0, 0, 0, 0, 0) -$

$(a_{81}, a_{82}, 0, 0, 0, 0, \sigma_1, l_8, 0, b_{72}, 0, 0, 0, 0, 0)$

……

其中，π_i 和 σ_i 是对应生产过程的机器（新机器和旧机器）投入系数。[①]

需要强调的是表 4.1 和表 4.2 中并不是所有能够生产商品 1 和商品 2 的生产过程，可能存在另一个生产商品 2 的生产过程（8'），该生产过程和生产过程（8）使用相同类型、相同年龄的旧机器，并且：

生产过程$(8') \times \mathbb{I} \neq$ 生产过程$(2) \times \mathbb{I} + (a_{ij}^{\alpha T}, b_{ij}^{\alpha T}, l_{ij}^{\alpha})$

但是根据假设 4.7，此时会存在另一个生产过程（2'）使得下面的等式成立：

生产过程$(8') \times \mathbb{I} =$ 生产过程$(2') \times \mathbb{I} + (a_{ij}^{\alpha T}, b_{ij}^{\alpha T}, l_{ij}^{\alpha})$

存在 $(a_{ij}^{\alpha T}, b_{ij}^{\alpha T}, l_{ij}^{\alpha})$ 的一个直观的解释是：存在两个生产过程，即生产过程（1）和生产过程（2），使用煎锅（机器 Π_i）和烤箱（机器 Σ）来生产饼干（商品 1）。另外一个生产过程（7）使用烤箱（机器 Σ）生产蛋糕（商品 2）。当烤箱被从生产饼干的生产过程转移到生产蛋糕的生产

[①] 在同一个生产过程，例如生产过程（1），由假设 4.6 可知 $\pi_0 = \pi_1$，$\sigma_0 = \sigma_1$，这里采用不同的下标是为了区分不同年龄的机器。

过程（从生产过程（1）转移到生产过程（7）），产出的变化（$b_{ij}^{\alpha T}$）要求原料（$a_{ij}^{\alpha T}$）和劳动力（l_{ij}^{α}）发生变化，同时煎锅不被使用了。因此，一个合理的假设是，如果令生产过程（2）的原料和劳动力也发生变化（分别为$a_{ij}^{\alpha T}$和l_{ij}^{α}），同时也不使用煎锅（机器Π_i），那么同样可以获得一个能够生产蛋糕的生产过程，即生产过程（8）。

为了涵盖所有的固定资本模型并澄清本章模型和其他模型的区别，本节给出两个额外的假设。

假设4.8：一个生产过程中只有一个商品$t \in \mathbb{T}$能够出现。

假设4.9：$H = \emptyset$。

在非转移、单一机器模型中，假设4.1至假设4.9成立。在非转移、联合使用机器模型中，假设4.1至假设4.6、假设4.9成立。在可转移、非联合使用机器的模型中，假设4.1至假设4.8成立。本章所研究的可转移、联合使用机器的模型中，假设4.1至假设4.7成立。

第二节 技术选择问题

本节将研究成本最小化生产技术的性质。在存在联合使用但不可转移机器的模型中，一个重要的结论是经济增长率可能对技术选择产生影响，但消费结构不会（Salvadori，1988a，1988b）。[①] 本节将证明，在假设4.7成立的情况下，即使允许机器可转移，上述结论仍然成立。在给出主要定理前，本节先给出一些引理。

首先，关于成本最小化生产技术的定义。如果式（4-1）存在一组解

---

① 斯蒂格利茨（Stiglitz，1970）在不同的框架下得出了类似的结论，但斯蒂格利茨的主要目的是将无替代定理扩展到存在固定资本的情形。

(p^*, x^*, w^*)，则称存在一个成本最小化的生产技术：①

$$\begin{cases} [B - (1+r)A]p \leqq wl \\ x^T[B - (1+r)A]p = x^T wl \\ x^T[B - A] \geqq d^T \\ x^T[B - A]p = d^T p \\ p \geqq 0, x \geqq 0, w \geqq 0, f^T p = 1 \end{cases} \quad (4-1)$$

其中，r 是给定的利润率，w 是工资率，x 是生产密度向量，d 是使用需求向量，p 是非负的价格向量，f 是半正的计价物，其正的元素对应着确定生产的商品。使用需求 d 不一定是不变的，它可以是 r, w, p, A, B 的函数。

本节中，假设 d 具有下面的形式：

$$d^T = gx^T A + c^T$$

其中，g 是各部门统一的增长率，且满足 $g \leqslant r$，c 是消费向量，其前 s 个元素非负，最后 $n - s$ 个元素为 0。

式（4-1）和式（4-2）等价：

$$\begin{cases} [B - (1+r)A]y \leqq l \\ q^T[B - (1+r)A]y = q^T l \\ q^T[B - (1+g)A] \geqq c^T \\ q^T[B - (1+g)A]y = c^T y \\ q \geqq 0, y \geqq 0 \end{cases} \quad (4-2)$$

如果假设 4.10 成立，那么将存在一个成本最小化的生产技术：②

假设 4.10：存在一个非负向量 z 使得式（4-3）成立：

---

① Kurz and Salvadori. Theory of Production：A Long-Period Analysis ［M］. Cambridge：Cambridge University Press, 1995.

② 证明过程见 Kurz and Salvadori. Theory of Production：A Long-Period Analysis ［M］. Cambridge：Cambridge University Press, 1995.

$$z^T[B - (1+r)A] \geqq c^T \quad (4-3)$$

令假设4.10成立，从而成本最小化的生产技术存在。令q^*和y^*是式（4-2）的解，对于q^*和y^*，令(A^*,B^*,l^*)为对应于y^*、使得$[B-(1+r)A]y \leqq l$作为等式成立的生产过程，也即对应于(A^*,B^*,l^*)的q^*元素为正。将(A^*,B^*,l^*)中的生产过程重新排列：令前m_1个生产过程生产成品1，接下来m_1个生产过程生产商品成品2，等等。最后m_s个生产过程生产成品s。不失一般性，假设A^*和B^*具有下面的形式，如式（4-4）和式（4-5）所示：

$$A^* = \begin{array}{c} \\ m_1 \\ m_2 \\ \vdots \\ m_s \end{array} \begin{pmatrix} s & t_1 & t_2 & \cdots & t_u \\ A_{11} & A_{1t_1} & A_{1t_2} & \cdots & A_{1t_u} \\ A_{21} & A_{2t_1} & A_{2t_2} & \cdots & A_{2t_u} \\ \vdots & \vdots & \vdots & \ddots & \vdots \\ A_{s1} & A_{st_1} & A_{st_2} & \cdots & A_{st_u} \end{pmatrix} \quad (4-4)$$

$$B^* = \begin{array}{c} \\ m_1 \\ m_2 \\ \vdots \\ m_s \end{array} \begin{pmatrix} s & t_1 & t_2 & \cdots & t_u \\ B_{11} & B_{1t_1} & B_{1t_2} & \cdots & B_{1t_u} \\ B_{21} & B_{2t_1} & B_{2t_2} & \cdots & B_{2t_u} \\ \vdots & \vdots & \vdots & \ddots & \vdots \\ B_{s1} & B_{st_1} & B_{st_2} & \cdots & B_{st_u} \end{pmatrix} \quad (4-5)$$

令t_j表示j种类型机器的集合，$j = 1,2,\cdots,u$。如果$t_j \in K$，那么A^*和B^*中只有一个子矩阵A_{it_j}和B_{it_j}是半正的（$i = 1,2,\cdots,s$），其他的都是0。如果$t_j \in H$，那么A^*（B^*）至少有两个子矩阵A_{it_j}和A_{ht_j}（B_{it_j}和B_{ht_j}）是半正的。

从以上的分析可知式（4-6）和式（4-7）成立：

$$[B^* - (1+r)A^*]y^* = l^* \quad (4-6)$$

$$\bar{q}^{*T}[B^* - (1+g)A^*] \geqq c^T \quad (4-7)$$

其中，$\bar{q}^*$是通过将q^*去掉0元素而获得的向量。

引理4.1：如果在(A^*,B^*,l^*)中有一个生产成品i的生产过程使用了

一种类型的旧机器 α,那么 (A^*,B^*,l^*) 中存在一个生产过程生产成品 i 使用机器 α 作为一种投入而不生产出任何机器 α。此外,如果后一个生产过程中机器 α 的年龄是 ρ,那么 (A^*,B^*,l^*) 中包含生产成品 i 并使用 1 年、2 年…ρ 年的机器 α 的生产过程。

证明:假设在 (A^*,B^*,l^*) 中,τ 年的 α 类型机器被一个生产成品 i 的生产过程生产出来。如果没有一个生产过程使用 τ 年的 α 类型机器作为投入品,那么 τ 年的 α 类型机器就出现了生产过剩,该机器的价格为 0。因此,在 (A^*,B^*,l^*) 中存在另一个生产过程和上一个生产过程使用相同的投入品,生产出除 τ 年的 α 类型机器外相同的产出(假设 4.4 的性质(4)),或者存在一个使用 α 类型机器作为投入但并不生产 α 类型机器的生产过程。下面分情形讨论。

情形 1:如果使用 α 类型机器作为投入但并不生产 α 类型机器的生产过程在部门 i 中,引理得证。

情形 2:如果使用 α 类型机器作为投入但并不生产 α 类型机器的生产过程在部门 $j(j \neq i)$ 中,那么 i 部门存在一个使用相同年龄 α 类型机器作为投入的生产过程。为证明这种情况,采用反证法,假设 i 部门不存在这样的生产过程。

令生产成品 i 并生产 τ 年龄 α 类型机器作为产出的生产过程为 $e_i^T(A^*,B^*,l^*)$,同时令生产成品 j 并使用 τ 年龄 α 类型机器作为投入的生产过程为 $e_j^T(A^*,B^*,l^*)$,那么存在另外两个生产过程 $e_u^T(A,B,l)$ 和 $e_v^T(A,B,l)$,分别生产成品 i 和 j,同时除了 α 类型旧机器外分别与生产过程 $e_i^T(A^*,B^*,l^*)$ 和 $e_j^T(A^*,B^*,l^*)$ 具有相同的投入和产出。$e_u^T(A,B,l)$ 和 $e_j^T(A^*,B^*,l^*)$ 使用相同年龄的 α 类型机器,$e_v^T(A,B,l)$ 和 $e_i^T(A^*,B^*,l^*)$ 生产相同年龄的 α 类型机器。

因为 $e_i^T(A^*,B^*,l^*)$ 和 $e_j^T(A^*,B^*,l^*)$ 在 (A^*,B^*,l^*) 中,而 $e_u^T(A,B,l)$ 不在 (A^*,B^*,l^*) 中,因此有:

第四章 现代古典体系下固定资本模型的扩展：一个带有可转移与联合使用机器的模型

$$e_i^T[B^* - (1+r)A^*]y^* = e_i^T l^* \qquad (4-8)$$

$$e_j^T[B^* - (1+r)A^*]y^* = e_j^T l^* \qquad (4-9)$$

$$e_u^T[B - (1+r)A]y^* < e_u^T l \qquad (4-10)$$

根据假设4.7，有：

$$(e_v^T A \mathbb{I}^\alpha, e_v^T B \mathbb{I}^\alpha, e_v^T l) - (e_i^T A^* \mathbb{I}^\alpha, e_i^T B^* \mathbb{I}^\alpha, e_i^T l^*) =$$
$$(e_j^T A^* \mathbb{I}^\alpha, e_j^T B^* \mathbb{I}^\alpha, e_j^T l^*) - (e_u^T A \mathbb{I}^\alpha, e_u^T B \mathbb{I}^\alpha, e_u^T l) \qquad (4-11)$$

式（4-11）成立是因为生产过程已经按照成品来进行标准化处理。因为 $e_u^T(A,B,l)$ 和 $e_i^T(A^*,B^*,l^*)$（$e_v^T(A,B,l)$ 和 $e_j^T(A^*,B^*,l^*)$）使用（生产）相同年龄相同类型的其他旧机器，因此有式（4-12）成立：

$$e_v^T(A,B,l) = e_i^T(A^*,B^*,l^*) + [e_j^T(A^*,B^*,l^*) - e_u^T(A,B,l)] \qquad (4-12)$$

也即意味着：

$$e_v^T[B - (1+r)A]y^* > e_v^T l \qquad (4-13)$$

因为 y^* 是式（4-2）的一个解，式（4-13）说明出现了一个矛盾。因此 $e_u^T(A,B,l)$ 一定在 (A^*,B^*,l^*) 中。

因为 $\tau = 1, 2, \cdots, \rho$，所以 (A^*, B^*, l^*) 包含生产成品 i 并使用年龄为 $1, 2, \cdots, \rho$ 的 α 类型机器的各个生产过程。

Q. E. D.

下面用一个例子可以更好地说明引理4.1。本节仍然使用表4.1和表4.2的例子。假设生产过程（1）和生产过程（8）在 (A^*,B^*,l^*) 中，但是生产过程（2）和生产过程（7）不在。因此有：

$$(a_{11}y_1^* + a_{12}y_2^* + \pi_0 y_{\pi_0}^* + \sigma_0 y_{\sigma_0}^*)(1+r) + l_1$$
$$= b_{11}y_1^* + \pi_1 y_{\pi_1}^* + \sigma_1 y_{\sigma_1}^* \qquad (4-14)$$

$$(a_{81}y_1^* + a_{82}y_2^* + \sigma_1 y_{\sigma_0}^*)(1+r) + l_8 = b_{72}y_2^* \qquad (4-15)$$

$$(a_{21}y_1^* + a_{22}y_2^* + \pi_0 y_{\pi_0}^* + \sigma_1 y_{\sigma_1}^*)(1+r) + l_2 > b_{11}y_1^* + \pi_1 y_{\pi_1}^*$$

$$(4-16)$$

如果假设 4.7 成立，将式（4-14）加上式（4-15）并减去式（4-16），有：

$$(a_{71}y_1^* + a_{72}y_2^* + \sigma_0 y_{\sigma_0}^*)(1+r) + l_7 < b_{72}y_1^* + \sigma_1 y_{\sigma_1}^* \quad (4-17)$$

式（4-17）与 y^* 是式（4-2）的解相矛盾。因此生产过程（2）和生产过程（7）一定在 (A^*, B^*, l^*) 中。

引理 4.1 意味着如果存在一个 α 类型机器在成本最小化的生产技术中使用 $\rho+1$ 年，并用在生产成品 i 和 j 的生产过程中，那么存在 $\rho+1$ 个生产成品 i 的生产过程，这些生产过程使用年龄 $0, 1, \cdots, \rho$ 的 α 类型机器，以及存在 $\rho+1$ 个生产成品 j 的生产过程，这些生产过程使用年龄 $0, 1, \cdots, \rho$ 的 α 类型机器。在这种情况下，ρ 个生产过程将是其他生产过程的线性组合，否则会出现价格的过度决定，同时这进一步意味着 $\rho+1$ 个生产成品 i 并使用 α 类型机器的生产过程使用相同年龄相同类型的其他旧机器（如果其他类型机器和 α 类型机器联合使用）。相同的条件同样适用于生产成品 j 并使用 α 类型机器的生产过程。

引理 4.2：对于 (A^*, B^*, l^*)，存在半正的 $\hat{q}^* = [\hat{q}_1^{*T}, \hat{q}_2^{*T}, \cdots, \hat{q}_s^{*T}]^T$，满足 $\hat{q}^* = \lambda \bar{q}^*$，并使得：

$$\hat{q}_i^{*T}[B_{i t_j} - (1+g)A_{i t_j}] \geqq 0 \quad (4-18)$$

$$\hat{q}_i^{*T} B_{i1} = e_i^T \quad (4-19)$$

$$i = 1, 2, \cdots, s \quad j = 1, 2, \cdots, u$$

证明：不失一般性，仅证明对于部门 1 存在 $\hat{q}_1^*$ 满足引理 4.2 即可。

假设旧机器 t_i 可以持续 τ_i 年，令 t_{ij} 表示在部门 1 使用的 j 年旧的 i 种类型机器，$j = 1, 2, \cdots, \tau_i - 1; i = 1, 2, \cdots, u$。

情形 1：如果对于所有的 i，$t_{ij} \in K$，那么 $\hat{q}_1^* = \lambda \bar{q}_1^*$，并使得 $\hat{q}_1^{*T} B_{11} = e_1^T$

的 $\hat{q}_1^*$ 满足引理4.2，其中 $\bar{q}_1^*$ 是 $\bar{q}^*$ 的前 m_1 个元素。

情形2：如果对于一些 i，$t_{ij} \in H$，因为引理4.1成立，所以存在使用年龄 $0, 1, \cdots, \tau_i - 1$ 的可转移机器 t_i，而且这些生产过程使用相同年龄相同类型的其他机器（如果这些机器和 t_i 联合使用的话）。因此可以将这些使用可转移机器的生产过程重新排列：

生产过程（1）使用成品（包括部门1使用的所有新可转移机器）、第一个可转移机器 t_1 和与其联合使用的非可转移机器来生产成品1、所有在部门1使用的1年旧的可转移机器和其他非可转移机器。第二个生产过程使用成品1、1年旧的可转移机器 t_1 和与第一个生产过程相同年龄相同类型的其他机器共同生产成品1、2年旧的可转移机器 t_1 和其他机器。以此类推，直到第 τ_1 个生产过程使用成品、$\tau_i - 1$ 的可转移机器 t_1 和与第一个生产过程相同年龄相同类型的其他机器共同生产成品1和所有其他机器，但不生产可转移机器 t_1。接下来，第 $\tau_1 + 1$ 个生产过程使用成品、1年旧的可转移机器 t_2 和第一个生产过程相同年龄相同类型的机器来生产成品1、1年旧的机器 t_1、2年旧的可转移机器 t_2 和其他机器等。所有的生产过程在表4.3中（a_{is} 和 e_{1s} 分别表示在生产过程 i 中投入和产出的成品子向量。）

表4.3　　引理4.2中部门1所有使用可转移机器的生产过程

生产过程	投入							产出				
	S	T_1	T_2	$\cdots$	T_u	L	$\rightarrow$	S	T_1	T_2	$\cdots$	T_u
(1)	a_{1s}^T	0	0	$\cdots$	t_{uj}	l_1	$\rightarrow$	e_{1s}^T	t_{11}	t_{21}	$\cdots$	$t_{u,j+1}$
(2)	a_{2s}^T	t_{11}	0	$\cdots$	t_{uj}	l_2	$\rightarrow$	e_{1s}^T	t_{12}	t_{21}	$\cdots$	$t_{u,j+1}$
				$\vdots$								
(τ_1)	$a_{\tau_1 s}^T$	$t_{1(\tau_1-1)}$	0	$\cdots$	t_{uj}	l_{τ_1}	$\rightarrow$	e_{1s}^T	0	t_{21}	$\cdots$	$t_{u,j+1}$
(τ_1+1)	$a_{\tau_1+1,s}^T$	0	t_{21}	$\cdots$	t_{uj}	l_{τ_1+1}	$\rightarrow$	e_{1s}^T	t_{11}	t_{22}	$\cdots$	$t_{u,j+1}$
(τ_1+2)	$a_{\tau_1+2,s}^T$	t_{11}	t_{21}	$\cdots$	t_{uj}	l_{τ_1+2}	$\rightarrow$	e_{1s}^T	t_{12}	t_{22}	$\cdots$	$t_{u,j+1}$
				$\vdots$								
($\tau_1+\tau_1$)	$a_{\tau_1+\tau_1,s}^T$	$t_{1(\tau_1-1)}$	t_{21}	$\cdots$	t_{uj}	$l_{\tau_1+\tau_1}$	$\rightarrow$	e_{1s}^T	0	t_{22}	$\cdots$	$t_{u,j+1}$
				$\vdots$								

令表 4.3 的生产过程对应的生产密度为 q_1'（从 $\bar{q}^*$ 获得），同时可以找到另外一个生产密度 q_1'' 使得在这一生产密度下，这些生产过程等价于一个只使用非可转移机器的一体化生产过程。将 q_1'' 标准化处理，使得 $e^T q_1' = e^T q_1''$，也即生产密度不改变非可转移机器的年龄、类型和数量。一种可以证明 q_1'' 存在的方式是采取一个类似于斯拉法（1960）采取的过程：考虑从第 1 到第 τ_1 个生产过程，令这些生产过程表示为 $(A_{t_1, t-10}, B_{t_1, t-10}, l_{t_1, t-10})$，同时将可转移机器 t_1 标准化为 1。可以找到一个向量 $q_{11}'' = [(1+g)^{\tau_1-1}, (1+g)^{\tau_1-2}, \cdots (1+g), 1]^T$，使得 $q_{11}''^T(A_{t_1, t-10}, B_{t_1, t-10}, l_{t_1, t-10})$ 等价于一个不使用机器 t_1 的生产过程。对接下来 τ_1 个生产过程继续这样的方式，可以获得一个等价的不使用第 1 种类型旧机器的生产过程。同理，可以进一步对这些等价的生产过程采取相同的方式，最后可以找到一个向量 q_1''。或者，更为正式的可以利用替代定理（Gale，1960）来证明 q_1'' 的存在。证明过程详细见本章附录。

q_1'' 的存在意味着存在一个生产密度向量，部门 1 可以获得一个一体化的不使用可转移机器的生产过程，这样就获得了情形 1。因此 $\hat{q}_1^*$ 是存在的。

Q. E. D.

本节仍然利用表 4.1 和表 4.2 的例子来说明 $\hat{q}_1^*$ 的存在性。在表 4.1 的例子中，Π 是一个不可转移机器，Σ 是一个可转移机器。假设生产过程（1）、（3）、（5）、（7）、（8）在 (A^*, B^*, l^*) 中。根据引理 4.1，存在其他的生产过程生产成品 1 并且使用和生产过程（1）、（3）、（5）相同年龄的 Π 类型机器。假设这些生产过程是生产过程（2）、（4）、（6）。不失一般性，假设所有这些生产过程使用 1 单位的机器 Σ。接下来采用斯拉法的方式来证明 $\hat{q}_1^*$ 的存在。可以验证，如果生产过程（1）至生产过程（6）按照 $q_1'' = \lambda(1+g, 1, 1+g, 1, 1+g, 1)^T$ 生产密度来进行生产，其中 λ 是一个标量，就可以获得一个一体化仅使用不可转移机器 Π 的生产过程。这样就得到了引理 4.2 情形 1，$\bar{q}^*$（式（4-2）的解）的存在性保证了 $\hat{q}_1^*$

的存在。

接下来证明消费结构不影响技术选择。

定理4.1：如果假设4.1至假设4.7和假设4.10成立，式（4-2）在给定$c=c_1$存在一个解(q^*,y^*)，那么对于$c=c_2$，式（4-2）存在一组解(q^{**},y^*)。此外，y^*的前s个元素，用y_s^*表示，是正的。

证明：令$B^*=(B_s^*,B_t^*)$，$A^*=(A_s^*,A_t^*)$，$y^*=(y_s^*,y_t^*)$，其中B_s^*和A_s^*由B^*和A^*的前s列组成。

因为引理4.2成立，存在一个半正的矩阵$Q(g)$：

$$Q(g)=\begin{bmatrix} q_1^{*T} & & & \\ & q_2^{*T} & & \\ & & \ddots & \\ & & & q_s^{*T} \end{bmatrix}$$

使得$QB^*[I,0]^T=QB_s^*=I$，其中I是$s\times s$的单位阵，同时式（4-20）和式（4-21）成立：

$$e^TQ[B_s^*-(1+g)A_s^*]\geqq c_{1s} \qquad (4-20)$$

$$Q[B_t^*-(1+g)A_t^*]\geqq 0 \qquad (4-21)$$

其中，c_{1s}是c_1的前s个元素。

式（4-20）的含义是对于方阵$Q[B_s^*-(1+g)A_s^*]$，存在一个正的向量e使得$e^TQ[B_s^*-(1+g)A_s^*]$是半正的。因此$Q[B_s^*-(1+g)A_s^*]$是可逆的并且逆矩阵是半正的（Kurz and Salvadori，1995），故存在一个非负的向量v使得式（4-22）和式（4-23）成立：

$$v^TQ[B_s^*-(1+g)A_s^*]=c_{2s} \qquad (4-22)$$

$$v^TQ[B_t^*-(1+g)A_t^*]\geqq 0 \qquad (4-23)$$

其中，c_{2s}是c_2的前s个元素。

令 $\bar{q}^{**} = (v_1 q_1^{*T}, v_2 q_2^{*T}, \cdots, v_i q_i^{*T}, \cdots v_s q_s^{*T})$，$v_i$ 是 v 的第 i 个元素。从式（4-22）和式（4-23）可知：

$$\bar{q}^{**}[B^* - (1+g)A^*] \geqq c_2 \qquad (4-24)$$

即式（4-2）对于 $c = c_2$ 存在一组解 (q^{**}, y^*)，其中 q^{**} 是通过 $\bar{q}^{**}$ 增加 0 元素获得的向量。

因为：

$$\bar{q}^{*T}[B^* - (1+r)A^*]y^* = \bar{q}^{*T}l^* \qquad (4-25)$$

$$\bar{q}^{*T}[B^* - (1+r)A^*]y^* = c^T y^* \qquad (4-26)$$

因此：

$$Q[B^* - (1+g)A^*]y^* = Q[B^* - (1+r)A^*]y^* + (r-g)QA^*y^*$$
$$= Ql^* + (r-g)QA^*y^* \geqq 0$$
$$(4-27)$$

$$Q[B_t^* - (1+g)A_t^*]y_t^* = 0 \qquad (4-28)$$

故有：

$$Q[B_s^* - (1+g)A_s^*]y_s^* = Q[B^* - (1+g)A^*]y^* -$$
$$Q[B_t^* - (1+g)A_t^*]y_t^* \geqq Ql^* \qquad (4-29)$$

因为 $Q[B_s^* - (1+g)A_s^*]$ 是可逆的并且其逆矩阵是半正的，同时式（4-21）成立，于是有：

$$\Delta \equiv \{Q[B_s^* - (1+g)A_s^*]\}^{-1} Q[B^* - (1+g)A^*]y^* \geqq 0^T \qquad (4-30)$$

注意由于 Δ 前 s 列组成的子矩阵是单位阵，因此对于任意的 i（$i = 1, 2, \cdots, s$）有：

$$e_i^T \{Q[B_s^* - (1+g)A_s^*]\}^{-1} Q[B^* - (1+g)A^*]y^* \geqq 0^T \qquad (4-31)$$

因为 $e_i^T \{Q[B_s^* - (1+g)A_s^*]\}^{-1} \geqq 0$，同时根据假设 4.3 和式（4-

第四章 现代古典体系下固定资本模型的扩展：一个带有可转移与联合使用机器的模型

31)，因此对任何的 i 有：

$$e_i^T \{Q[B_s^* - (1+g)A_s^*]\}^{-1} Q l^* > 0 \quad (4-32)$$

即：

$$\{Q[B_s^* - (1+g)A_s^*]\}^{-1} Q l^* > 0 \quad (4-33)$$

故从式（4-29）和式（4-33）可知 y_s^* 为正。

Q. E. D.

同样地，可以证明在 $r = g$ 的条件下，如果存在多于一个成本最小化的生产技术存在，不同的成本最小化生产技术以工资率衡量的成品相对价格是唯一的。

定理 4.2：如果 $r = g$，同时 (q^*, y^*) 和 (q'^*, y'^*) 是式（4-2）的两组解，那么 $y_s^* = y_s^{**}$。①

证明：令 (A^*, B^*, l^*) 和 (A'^*, B'^*, l'^*) 分别对应着 y^* 和 y'^* 满足式（4-6）的生产过程，那么有：

$$[B^* - (1+r)A^*] y'^* \leq l^* \quad (4-34)$$

$$[B'^* - (1+r)A'^*] y^* \leq l'^* \quad (4-35)$$

因为引理 4.2 成立，存在定理 4.1 中定义的 $Q^*(r)$ 和 $Q'^*(r)$。从式（4-34）和式（4-35）可知：

$$Q^*(r)[B^* - (1+r)A^*] y'^* \leq Q^*(r) l^*$$
$$= Q^*(r)[B^* - (1+r)A^*] y^* \quad (4-36)$$

$$Q'^*(r)[B'^* - (1+r)A'^*] y^* \leq Q'^*(r) l'^*$$
$$= Q'^*(r)[B'^* - (1+r)A'^*] y'^* \quad (4-37)$$

因为式（4-21）和式（4-28）成立，式（4-36）意味着：

---

① 需要说明的是，这个定理在 $r \neq g$ 的情况下不一定成立（Salvadori, 1988a）。

$$Q^*(r)[B_s^* - (1+r)A_s^*]y_s'^{*} \leqq Q^*(r)[B_s^* - (1+r)A_s^*]y_s^*$$
(4-38)

从定理 4.1 可知 $Q^*(r)[B_s^* - (1+r)A_s^*]$ 是可逆的，并且其逆矩阵是半正的，在式（4-38）左右两侧乘以该矩阵的逆矩阵，有：

$$y_s'^{*} \leqq y_s^*$$
(4-39)

从式（4-37）可知 $y_s^* \leqq y_s'^{*}$，因此有：$y_s^* = y_s'^{*}$。

Q. E. D.

第三节　关于修正的统一效率路径公理的进一步讨论

当存在可转移机器时，修正的统一效率路径公理（即假设 4.7）对成本最小化生产技术具有良好的性质（即成本最小化的生产技术的决定独立于消费结构）和其他定理的成立有着重要的作用。如果修正的统一效率路径公理不成立，生产体系可能是"相互锁定"的。[①]在这种情况下，不同部门通过可转移机器而连接在一起，纯联合生产的情形就出现了。例如，假设修正的统一效率路径公理不成立，一个可转移的机器 α 出现在生产成品 i 和成品 j 的生产过程中（$i \neq j$）。进一步假设在成本最小化的生产技术中，一个 1 年旧的 α 类型机器被一个生产成品 i 的生产过程生产出来，同时使用一个 1 年旧的 α 类型机器作为投入的生产过程生产成品 j，但不是 i（引理 4.1 不成立）。现在假设消费结构发生了变化但是成本最小化的生产技术没有变化，部门 i 和部门 j 的已经被使用的生产过程需要调整规模以满

---

① Schefold B. Mr Sraffa on Joint Production and Other Essays [M]. London: Unwin Hyman, 1989: 160.

足新的消费。然后在这种调整过程中,很可能第 j 部门生产所需要的 1 年旧的 α 类型机器超过 i 部门所生产的 1 年旧的 α 类型机器,也即会出现一个负数量的 1 年旧的 α 类型机器。因此,当消费结构发生变化时,成本最小化的生产技术可能需要发生变化。

为了确保成本最小化的生产技术独立于消费结构,需要的是打破这种"相互锁定"。修正的统一效率路径公理是一个有效实现这个目的的工具。本节将证明,修正的统一效率路径公理不仅是一个充分性条件,而且是必要性条件。

定理 4.3:如果假设 4.1 至假设 4.6、假设 4.10 成立,同时 (q^*, y^*) 是式(4-2)的一组解并使得 y^* 独立于 c,那么修正的统一效率路径公理,即假设 4.7 成立。

证明:不失一般性,考虑一种可转移 α 类型机器,该机器可持续 $\tau_\alpha + 1$ 年并出现在两个不同的部门 i 和 j。令矩阵 $(A_{ij}^\alpha, B_{ij}^\alpha, l_{ij}^\alpha)$ 表示部门 i 和部门 j 所有使用可转移 α 类型机器的生产过程,并将生产过程进行排序:前 m_i 个生产过程生产成品 i 并使用 $1, 2, \cdots, \tau_\alpha$ 年的 α 类型机器,随后的 m_j 个生产过程生产成品 j,并按照一样的标准排序。

$$A_{ij}^\alpha = \begin{matrix} \\ m_i \\ m_j \end{matrix} \begin{pmatrix} s & t_1 & t_2 & \cdots & t_u \\ A_{i1}^\alpha & A_{it_1}^\alpha & A_{it_2}^\alpha & \cdots & A_{it_u}^\alpha \\ A_{j1}^\alpha & A_{jt_1}^\alpha & A_{jt_2}^\alpha & \cdots & A_{jt_u}^\alpha \end{pmatrix} = \begin{pmatrix} A_i^\alpha \\ A_j^\alpha \end{pmatrix}$$

$$B_{ij}^\alpha = \begin{matrix} \\ m_i \\ m_j \end{matrix} \begin{pmatrix} s & t_1 & t_2 & \cdots & t_u \\ B_{i1}^\alpha & B_{it_1}^\alpha & B_{it_2}^\alpha & \cdots & B_{it_u}^\alpha \\ B_{j1}^\alpha & B_{jt_1}^\alpha & B_{jt_2}^\alpha & \cdots & B_{jt_u}^\alpha \end{pmatrix} = \begin{pmatrix} B_i^\alpha \\ B_j^\alpha \end{pmatrix}$$

$$L_{ij}^\alpha = \begin{pmatrix} l_i^\alpha \\ l_j^\alpha \end{pmatrix}$$

对于给定的 g 和 r($g \leq r$),假设 α 类型机器在成本最小化的生产技术中持续 ρ 年($\rho \leq \tau_\alpha$)。因此,在 $(A_{ij}^\alpha, B_{ij}^\alpha, l_{ij}^\alpha)$ 中 $\rho + 1$ 个生产过程已经足以决定成品 i、成品 j 和不同年龄 α 类型机器的价格。然而,因为成本最小化

的生产技术的决定独立于消费结构，也即 c 的变化不影响 y^* 作为式（4－2）的解，"相互锁定"的现象不能存在。因此生产成品 i 的生产过程必须包括使用 $0,1,\cdots,\rho-1,\rho$ 年龄的 α 类型机器，同样生产成品 j 的生产过程必须包括使用 $0,1,\cdots,\rho-1,\rho$ 年龄的 α 类型机器，也即成本最小化的生产技术必须存在 2ρ 个生产过程。

为了避免价格的过度决定，$\rho-1$ 个生产过程必须是其他 $\rho+1$ 个生产过程的线性组合。令生产成品 j 的第 $\rho+t$ 个生产过程 $(a_{\rho+t}^{jT}, b_{\rho+t}^{jT}, l_{\rho+t}^{j})$ 是前 $\rho+1$ 个生产过程的线性组合，$1<t<\rho$。因为第 $\rho+1$ 个生产过程 $(a_{\rho+1}^{jT}, b_{\rho+1}^{jT}, l_{\rho+1}^{j})$ 使用和第一个生产过程 $(a_1^{iT}, b_1^{iT}, l_1^{i})$ 同样年龄的 α 类型机器，第 $\rho+t$ 个生产过程 $(a_{\rho+t}^{jT}, b_{\rho+t}^{jT}, l_{\rho+t}^{j})$ 使用和第 t 个生产过程 $(a_t^{iT}, b_t^{iT}, l_t^{i})$ 同样年龄的 α 类型机器，第 $\rho+t$ 个生产过程 $(a_{\rho+t}^{jT}, b_{\rho+t}^{jT}, l_{\rho+t}^{j})$ 只能是 $(a_1^{iT}, b_1^{iT}, l_1^{i})$ 和 $(a_t^{iT}, b_t^{iT}, l_t^{i})$ 和 $(a_{\rho+1}^{jT}, b_{\rho+1}^{jT}, l_{\rho+1}^{j})$ 的线性组合（带有正的系数），或者：

$$(a_{\rho+t}^{jT}, b_{\rho+t}^{jT}, l_{\rho+t}^{j}) = (a_t^{iT}, b_t^{iT}, l_t^{i}) - (a_1^{iT}, b_1^{iT}, l_1^{i}) + (a_{\rho+1}^{jT}, b_{\rho+1}^{jT}, l_{\rho+1}^{j})$$

（4－40）

式（4－40）对于所有的 t 都成立，因此这要求：（1）i 部门上述生产过程中和 α 类型机器联合使用的其他机器必须是相同年龄相同类型，或者必须具有不变的使用效率，部门 j 的生产过程具有同样的要求。（2）必须存在一个向量 $(a_{ij}^{\alpha T}, b_{ij}^{\alpha T}, l_{ij}^{\alpha})$ 使得：

$$(a_{ij}^{\alpha T}, b_{ij}^{\alpha T}, l_{ij}^{\alpha}) = (a_{\rho+t}^{jT}\,\mathbb{I}^{\alpha}, b_{\rho+t}^{jT}\,\mathbb{I}^{\alpha}, l_{\rho+t}^{j}) - (a_t^{iT}\,\mathbb{I}^{\alpha}, b_t^{iT}\,\mathbb{I}^{\alpha}, l_t^{i}) \quad (4-41)$$

式（4－41）对所有的 t 都成立，其中 $\mathbb{I}^{\alpha}$ 是假设 4.7 中的定义。当 g 改变时，成本最小化的生产技术可能改变，因此式（4－41）必须对于所有的 $(A_{ij}^{\alpha}, B_{ij}^{\alpha}, l_{ij}^{\alpha})$ 中的生产过程都成立，也即意味着假设 4.7 是成本最小化生产技术独立于消费结构的必要条件。

Q. E. D.

附录 引理4.2中关于q_1''存在性的证明

假设存在 j 种类型的可转移机器。选择表4.3中所有的有可转移机器的生产过程的列,并将这些生产过程标记为矩阵 C。矩阵 C 有 $\Pi_{i=1}^{j} \tau_i$ 行和 $\sum_{i=1}^{j}(\tau_i - 1)$ 列。需要寻找一个向量 q_1'' 使得下面的方程成立:

$$q_1''^T C = 0 \qquad (4-A1)$$

如果式(4-A2)不存在解,那么式(4-A1)中的 q_1'' 存在。

$$Cz > 0 \qquad (4-A2)$$

其中,z 是一个 $\sum_{i=1}^{j}(\tau_i - 1)$ 维的向量。

将 z 的元素标记在 C 的顶部(定义 $\kappa = \sum_{i=1}^{j}(\tau_i - 1)$),同时将前 τ_1 行称为第一组(用 η_1 表示)等。C 具有下面的形式:

$$
C = \begin{array}{c} \\ \eta_1 \\ \\ \eta_2 \\ \\ \\ \eta_m \end{array}
\begin{array}{|cccc|cc|c|cc|c|}
\hline
z_1 & z_2 & \cdots & z_{\tau_1-1} & z_{\tau_1} & \cdots & \cdots & z_{k-l_u} & z_{k-1} & z_k \\
\hline
+ & & \cdots & & + & & & + & & \\
- & + & \cdots & & + & & & + & & \\
  &   & \cdots & & \vdots & & & \vdots & & \\
  &   & \cdots & - & + & & & + & & \\
  &   & \cdots & & - & & & + & & \\
\hline
+ & & & & & + & & + & & \\
- & + & & & & + & & + & & \\
  &   & \cdots & & & \vdots & & \vdots & & \\
  &   & \cdots & - & + & & & + & & \\
\hline
  &   & & & \cdots & & & & & \\
\hline
+ & & & & & & & + & & \\
- & + & & & & & & + & & \\
  &   & \cdots & & & & & \vdots & & \\
  &   & \cdots & - & + & & & + & & \\
\hline
\end{array}
$$

令 $C = \Lambda \overline{C}$，Λ 是半正的对角矩阵，使得对于 $\overline{C}$ 的每一列，负元素的绝对值都大于或等于正元素（当 $g = 0$ 时两者相等）。[①]$\overline{C}$ 和 C 具有相同的结构，如果无法找到一个 $\overline{z}$ 使得 $\overline{C}\overline{z} > 0$，那么也就无法找到 z 使得式（4 - A2）成立。

接下来证明不存在 $\overline{z}$（和 z）满足不等式 $\overline{C}\overline{z} > 0$（和式（4 - A2））。采用反证法，假设存在 $\overline{z}$ 使得不等式 $\overline{C}\overline{z} > 0$ 成立。

首先，对于 $\overline{C}$ 的每一列，负元素的绝对值大于或等于正的元素，因此有 $e^T\overline{C} \leq 0$（当 $g = 0$ 时等式成立），因为 $\overline{z}$ 存在且 $\overline{C}\overline{z} > 0$，那么 $e^T\overline{C}\overline{z} > 0$。如果 $g = 0$ 有 $e^T\overline{C}\overline{z} = 0$。因此出现矛盾。所以剩下只需要考虑 $g > 0$ 和 $e^T\overline{C} < 0$。$e^T\overline{C}\overline{z} > 0$ 意味着一些元素 $\overline{z}_i$，$i = 1, 2, \cdots, \kappa$ 一定是负的。

其次，$\overline{z}$ 不能为负向量。至少 $\overline{C}$ 的第一列要求 $\overline{z}_i, \overline{z}_{\tau_1}, \cdots, \overline{z}_{\kappa-\tau_u}$ 不能同时为负。因此，不失一般性，假设最后 $\kappa - i$ 个元素是负的，$1 < i < \kappa$，其他为非负且至少一个为正。

最后，（1）如果 $1 < i \leq \tau_1 - 1$，η_1 的前 $i + 1$ 行组成的子矩阵（用 $\overline{C}_1$ 表示）具有下面的性质：$e^T\overline{C}_1$ 前 i 个元素是负的，同时其他元素是半正的。因为 $\overline{z}$ 元素的符号性质，$e^T\overline{C}_1\overline{z} \leq 0$，这与 $\overline{C}_1\overline{z} > 0$ 和 $e^T\overline{C}_1\overline{z}$ 是正的相矛盾。（2）如果 $\tau_1 - 1 < i < \kappa$，那么 $\overline{C}$ 前 j 行并使得 $\overline{c}_{ji} < 0$ 和 $\overline{c}_{j+1,i} = 0$ 的元素组成的子矩阵 $\overline{C}_2$，具有下面的性质：$e^T\overline{C}_2$ 前 i 个元素是负的，同时其他元素是半正的，因此 $e^T\overline{C}_2\overline{z} \leq 0$，同样矛盾出现了。

总之，不存在 $\overline{z}$（和 z）满足不等式 $\overline{C}\overline{z} > 0$（和式（4 - A2）），替代定理保证了存在一个半正的向量 q_1'' 使得等式（4 - A1）成立。

Q. E. D.

[①] Λ 的存在性是因为，对于每一个组，从列 z_1 到 z_{τ_1-1}，负元素的绝对值都大于或等于正元素（因为可转移机器 τ_1 被标准化了）。假如列 z_{τ_1} 某一个负元素的绝对值小于正元素，那么将第二组元素乘以一个足够大的 λ_2 就可以获得想要的结果，且这一过程并不会改变第二组中列 z_1 到 z_{τ_1-1} 元素的性质。

第五章

基于动态投入产出框架的可耗竭资源理论模型：李嘉图与霍特林思想的融合

本章是对可耗竭资源问题的理论研究。尽管可耗竭资源究竟是经济增长的"诅咒"还是"福音"存在争议，但不可否认的是可耗竭资源对经济发展的重要作用。索罗（Solow，1974）评价可耗竭资源问题是"重要的、现代的和永久性的"，这一观点仍然没有过时。

现代对于可耗竭资源理论的研究大都起源于霍特林（Hotelling，1931）和他提出的霍特林法则。概括来说该法则认为，在自由竞争的条件下可耗竭资源的价格或资源税需要按照利润率水平不断上涨。霍特林法则成立的原因在于，资源的可耗竭性和有用性使得资源的贮藏行为成为一种经济活动，从而贮藏活动也要获得和其他生产行业一样的利润率水平。

然而，霍特林的分析是基于标准的新古典理论。该理论的逻辑问题在20世纪70年代的"资本争论"中得到了系统的批判。新古典理论之后的发展非但没有解决这些逻辑缺陷，反而产生了新的理论问题（Petri，2004）。因此，尽管霍特林的分析有助于对可耗竭资源问题的理解，但基于新的分析框架来研究可耗竭资源问题是十分必要的。

由于可耗竭资源通常被用来生产能源，而能源几乎被用于所有行业商品的生产，所以对于可耗竭资源问题的研究需要在一个多部门的分析框架下进行。同时，霍特林法则似乎意味着在存在可耗竭资源的情况下，绝大多数商品的价格都会发生变动,这就进一步要求对于可耗竭资源问题的研究需要基于一个动态的框架。因此,动态投入产出框架是分析可耗竭资源问题最为理想的工具。

从经济理论的发展来看,古典经济学家对于资源问题,尤其是资源对经济增长的限制,以及技术进步对这种限制的缓解作用等方面有着非常深刻的认识,这些古典经济思想对于现代研究可耗竭资源问题非常具有启发性。"资本争论"一方面批判了新古典理论的逻辑缺陷,另一方面促进了古典理论的复兴。自斯拉法的《用商品生产商品——经济理论批判绪论》出版之后,很多学者从不同角度对古典理论的相对价格、收入分配、技术选择、固定资本、土地等理论进行了重建,已经形成了相对完善的现代古典理论体系。[①] 然而对于可耗竭资源问题,尽管现代古典理论的研究取得了一定的成果,但却尚未形成统一的意见。

第一节 现代古典理论体系下对可耗竭资源问题的讨论

斯拉法在《用商品生产商品——经济理论批判绪论》一书中仅提及可耗竭资源而没有进行详细的分析。帕里内洛(Parinello,1983)最早从现代古典理论的角度研究了可耗竭资源,他认为可以用矿藏或存货两种方式来分析可耗竭资源,并认为后者更符合古典经济学的基本思想。帕里内洛(1983)的论文引发了学者对可耗竭资源问题更加深入的讨论。

颇具有争议性的是比达尔和埃雷格斯(Bidard and Erreygers,2011a,2001b)提出的观点和模型。他们认为古典经济理论以土地的方式来分析

---

① Kurz H. D. and Salvadori N. Theory of Production: A Long-Period Analysis [M]. Cambridge: Cambridge University Press, 1995; Bidard C. Prices, Reproduction and Scarcity [M]. Cambridge: Cambridge University Press, 2004.

| 第五章　基于动态投入产出框架的可耗竭资源理论模型：李嘉图与霍特林思想的融合 |

可耗竭资源是无法令人满意的，而且由于霍特林法则的成立，对于可耗竭资源问题的研究不能基于长期分析方法。舍福尔德（Schefold，1989，2001）则认为古典经济理论将可耗竭资源看作土地是存在合理性的，[①] 且他坚持认为长期分析方法和长期价格与古典经济理论是不可分割的，从古典思想研究可耗竭资源必须基于长期分析方法。帕里内洛（2001，2004）随后以级差地租的方式来研究可耗竭资源税的决定，其模型中生产技术需要满足非常严格的条件才能保证霍特林法则成立，或者需要放弃霍特林法则而用资源的有效供给取代资源存储量来作为模型的决定变量。拉瓦尼亚尼（Ravagnani，2008）认为可耗竭资源的价格或资源税的研究应该借鉴古典工资理论，资源税应取决于资源所有者和资源使用者双方的议价能力。

上述的研究虽然都试图利用古典经济思想分析可耗竭资源问题，但都不完全符合古典经济学家的本意。库尔茨和萨尔瓦多里（Kurz and Salvadori，2009）基于对李嘉图理论文本的分析，指出在李嘉图的理论中资源税实际上是隐含在利润的范畴内而没有被明确地区分出来，同时李嘉图论述的矿山租金是由不同矿藏的富裕程度产生的，这种租金是与资源税完全不同的财产性收入。因此，古典经济学家尤其是李嘉图对可耗竭资源问题的分析是基于与霍特林完全不同的假设条件。库尔茨和萨尔瓦多里基于以往的研究（1995，1997，2000，2001a），将李嘉图和霍特林的部分思想融入一个动态产出模型中（Kurz and Salvadori，2009），并区分了三种类型的收入：利润、地租（租金）和资源税，并通过一些数值例子等进行了进一步的论述（Kurz and Salvadori，2011，2015）。

库尔茨和萨尔瓦多里（2009，2011）对可耗竭资源问题的分析存在可以改进空间：首先，他们没有给出模型解存在的条件；其次，他们的模型

[①] 舍福尔德（Schefold，1989）给出四点意见论述古典经济学家用土地来分析可耗竭资源的合理性：第一，未来价格的变化是不确定的；第二，技术进步是无法预测的；第三，资源税的变化相对缓慢；第四，不同资源矿藏间存在开采成本差异。

中没有考虑到资源的搜寻行为，搜寻行为在李嘉图理论中是十分重要的。本章试图构建一个带有资源搜寻行为的更为一般的可耗竭资源理论模型，并给出模型解存在的条件。

在正式论述之前，需要说明两点：第一，尽管与索罗（1959）的动态投入产出模型在形式上相似，但本章的模型与索罗的模型是基于不同的经济理论的。鉴于新古典理论的逻辑缺陷，收入分配变量将不由"要素"的供给和需求决定，而是以古典的收入分配理论替代：实际工资率外生给定，因此本章的模型具有古典理论特征。第二，鉴于动态问题研究的复杂性，完美预期将被假设，即假设当价格发生变化时，从事经济活动的企业知道并且能够正确地知道价格的变动。①

第二节　基本模型

假设经济中共有 n 种商品可以被 m_1 （ $m_1 \geq n$ ）个规模报酬不变的生产过程生产。自然界提供 s 种可耗竭资源，在 0 时期各种资源总量中只有一部分是已知的，剩下自然资源可以通过 m_2 （ $m_2 \geq s$ ）个使用劳动和商品的搜寻过程发现。资源的所有者除开采资源外（无论是自己开采还是他人开采），还可以选择贮藏资源，因此经济中还存在 s 个资源贮藏过程。

每一个生产商品的生产过程 i 用 $(a_i, c_i, l_{1i}, 0, b_i)$ 表示，其中 $a_i^T = (a_{i1}, \cdots, a_{in})$ 表示商品投入向量，$c_i^T = (c_{i1}, \cdots, c_{is})$ 表示资源投入向量，l_{1i} 表示劳动投入标量，b_i 表示商品产出向量。每一个资源的搜寻过程 j 用 $(f_j,$

---

① 虽然这是一个很强烈的假设，但是引入预期问题的系统讨论不仅会增加当前研究问题的复杂性，而且也会导致无法获得确定的结论，原因在于结论会取决于对不同类型预期所做的假设条件。因此，采取最简单的预期假设获得结论可以认为是采用其他预期假设的一个初步结论。

0, l_{2j}, d_j, 0) 表示，其中 $f_j^T = (f_{i1}, \cdots, f_{in})$ 表示为搜寻资源所消耗的商品投入向量，l_{2j} 表示为搜寻资源所投入的劳动标量，$d_j^T = (d_{j1}, \cdots, d_{js})$ 表示搜寻到的资源量。在 t 时期的生产技术用下面的矩阵形式表示：

$$A = (a_1, a_2, \cdots, a_{m_1})^T$$

$$C = (c_1, c_2, \cdots, c_{m_1})^T$$

$$l_1 = (l_{11}, l_{12}, \cdots, l_{1m_1})^T$$

$$B = (b_1, b_2, \cdots, b_{m_1})^T$$

$$F = (f_1, f_2, \cdots, f_{m_2})^T$$

$$l_2 = (l_{21}, l_{22}, \cdots, l_{2m_2})^T$$

$$D = (d_1, d_2, \cdots, d_{m_2})^T$$

将所有的生产过程按照如下的方式排列：前 m_1 个为生产商品的生产过程，接下来 m_2 个为搜寻资源的生产过程，最后为 s 个贮藏资源的生产过程。整个经济的投入产出关系显示在表 5.1 中。

表 5.1　　　　　　　　　　投入产出关系

生产过程	投入			产出	
	商品	资源	劳动	商品	资源
商品生产	A	C	l_1	B	0
资源搜寻	F	0	l_2	0	D
资源贮藏	0	I	0	0	I

注：I 为单位矩阵。

假设生产商品的技术保持相对稳定，即矩阵 A, C, l_1 和 B 保持不变；相比之下，搜寻资源的技术不一定保持不变。资源的搜寻行为可能会因为资源总量的减少而成本递增，也可能因为搜寻资源的经验和技术水平的提升而成本递减。为了简化分析，本章假设搜寻资源的成本是非递减的。为了便于比较，假设 F 和 l_2 保持不变，非递减的搜寻成本通过 D 的变化来反映。同时假设没有资源的联合搜寻：每一个资源的搜寻过程只能发现一种资源，即 d_j 只有一个元素为正，其他元素均为 0。具体的：

假设 5.1：对于 $t \in \mathbb{N}$，$(F, l_2, D)_t$ 是已知和给定的，且下面两个等式关系成立：

$$(F, l_2)_t = (F, l_2)_{t+1}$$

$$D_{t+1} = \alpha D_t$$

其中，$\mathbb{N}$ 为自然数集合，$\alpha \in (0,1]$ 的实数。

在假设 5.1 中，如果 $\alpha = 1$，则搜寻成本保持不变，否则搜寻成本为递增。

三种财产性收入被明确区分为：利润、租金和资源税。其中，利润是资本家使用其资本所获得的收入，租金是指资源所有者由于资源的稀缺和矿藏的肥沃程度差异所获得收入，资源税是资源所有者贮藏资源（或者说使得资本固定在矿藏上）所获得的"利润"。这三种财产性收入的区分非常重要，因为这三种收入的决定方式和支配法则是完全不同的。这一点将在本章的分析中反映出来。

具体地，用 p_t, y_t, q_t（$t \in \mathbb{N}_0$，$\mathbb{N}_0$ 为所有非负整数集合）表示 t 时期商品的价格、资源税和租金，用 r_t 表示名义利润率，用 w 表示工资品列向量，同时假定 w 是给定的且工人将所有的工资收入都用来购买这些工资品。

在数量体系方面，用 x_t 和 s_t（$t \in \mathbb{N}$）分别表示 t 时期生产商品过程和搜寻资源过程的规模或生产密度，用 z_t（$t \in \mathbb{N}_0$）表示 t 时期已知的资源的数量。假设资本家与资源所有者以一组给定且保持不变的商品 δ 为比例进行消费。具体来看，资本家和资源所有者的消费为 $\gamma\delta$，其中 γ 是由模型内生决定的一个标量。令向量 h 表示资源开采的限制，其每一个元素表示某种资源在一个时期内所能被开采的最大的量。最后，假设初始的资源和商品数量是给定的和已知的，分别用 $\bar{z}$ 和 v 表示。

在自由竞争的条件下，式（5-1）成立：

第五章 基于动态投入产出框架的可耗竭资源理论模型：李嘉图与霍特林思想的融合

$$\begin{cases}
Bp_{t+1} \leqq (Ap_t + Cy_t + Cq_t)(1+r_t) + l_1 w^T p_{t+1} \\
x_{t+1}^T B p_{t+1} = x_{t+1}^T [(Ap_t + Cy_t + Cq_t)(1+r_t) + l_1 w^T p_{t+1}] \\
\qquad\qquad y_{t+1} \leqq (1+r_t) y_t \\
\qquad\qquad z_{t+1}^T y_{t+1} = (1+r_t) z_{t+1}^T y_t \\
\qquad\qquad D_{t+1} y_{t+1} \leqq F p_t (1+r_t) + l_2 w^T p_{t+1} \\
\qquad s_{t+1}^T D_{t+1} y_{t+1} = s_{t+1}^T [F p_t (1+r_t) + l_2 w^T p_{t+1}] \\
\qquad\qquad v^T \geqq x_1^T A + s_1^T F + \gamma \delta^T \\
\qquad\qquad v^T p_0 = (x_1^T A + s_1^T F + \gamma \delta^T) p_0 \\
x_{t+1}^T (B - l_1 w^T) - s_{t+1}^T l_2 w^T \geqq x_{t+2}^T A + s_{t+2}^T F + \gamma \delta^T \\
x_{t+1}^T (B - l_1 w^T) p_{t+1} - s_{t+1}^T l_2 w^T p_{t+1} = (x_{t+2}^T A + s_{t+2}^T F + \gamma \delta^T) p_{t+1} \\
\qquad\qquad z_0^T \geqq x_1^T C + z_1^T \\
\qquad\qquad z_0^T y_0 = (x_1^T C + z_1^T) y_0 \\
\qquad\qquad z_t^T + s_t^T D_t \geqq x_{t+1}^T C + z_{t+1}^T \\
\qquad\qquad (z_t^T + s_t^T D_t) y_t = (x_{t+1}^T C + z_{t+1}^T) y_t \\
\qquad\qquad x_{t+1}^T C \leqq h^T \\
\qquad\qquad x_{t+1}^T C q_t = h^T q_t \\
\qquad\qquad z_0 = \bar{z} \\
\qquad\qquad \sum_{t=0}^{\infty} \dfrac{\delta^T p_t}{\prod_{\tau=0}^{t-1}(1+r_\tau)} = 1 \\
\gamma > 0, p_t \geqq 0, y_t \geqq 0, q_t \geqq 0, x_t \geqq 0, s_t \geqq 0, z_t \geqq 0
\end{cases} \quad (5-1)$$

其中，$Bp_{t+1} \leqq (Ap_t + Cy_t + Cq_t)(1+r_t) + l_1 w^T p_{t+1}$ 表示所有生产商品的生产过程都不能获得超额利润。$x_{t+1}^T B p_{t+1} = x_{t+1}^T [(Ap_t + Cy_t + Cq_t)(1+r_t) + l_1 w^T p_{t+1}]$ 表示如果某一个生产过程在 t 时期产生额外成本，那么该生产过程将不会在 $t+1$ 时期使用。$y_{t+1} \leqq (1+r_t) y_t$ 表示所有贮藏资源的过程不能获得超额利润。$z_{t+1}^T y_{t+1} = (1+r_t) z_{t+1}^T y_t$ 表示如果某一个贮藏资源的过程

不能获得一般的利润率,那么该种资源将不会被贮藏。[①] $D_{t+1}y_{t+1} \leqq Fp_t(1+r_t) + l_2w^Tp_{t+1}$ 表示所有搜寻资源的行为不能获得额外利润。$s_{t+1}^T D_{t+1} y_{t+1} = s_{t+1}^T [Fp_t(1+r_t) + l_2w^Tp_{t+1}]$ 表示产生额外成本的搜寻过程将不会被使用。$v^T \geqq x_1^T A + s_1^T F + \gamma \delta^T$ 和 $x_{t+1}^T(B - l_1w^T) - s_{t+1}^T l_2 w^T \geqq x_{t+2}^T A + s_{t+2}^T F + \gamma \delta^T$ 表示 t 时期的商品总额不能小于 $t+1$ 时期生产和消费所需的商品总额。$v^T p_0 = (x_1^T A + s_1^T F + \gamma \delta^T) p_0$ 和 $x_{t+1}^T(B - l_1 w^T) p_{t+1} - s_{t+1}^T l_2 w^T p_{t+1} = (x_{t+2}^T A + s_{t+2}^T F + \gamma \delta^T) p_{t+1}$ 表示如果某一种商品存在生产过剩,那么这种商品的价格为 0。$z_0^T \geqq x_1^T C + z_1^T$ 和 $z_t^T + s_t^T D_t \geqq x_{t+1}^T C + z_{t+1}^T$ 表示 t 时期已知的资源量加上发现的资源量不能小于 $t+1$ 时期生产商品所需要使用的资源量。$z_0^T y_0 = (x_1^T C + z_1^T) y_0$ 和 $(z_t^T + s_t^T D_t) y_t = (x_{t+1}^T C + z_{t+1}^T) y_t$ 表示如果某种资源提供的量超过生产过程所需的量,则这种资源的资源税为 0。$x_{t+1}^T C \leqq h^T$ 表示资源开采的量不能超过开采限制 h。$x_{t+1}^T C q_t = h^T q_t$ 表示如果某种资源的开采没有达到开采限制,那么使用这种资源将不用支付租金。$z_0 = \bar{z}$ 表示初始给定的资源量。$\sum_{t=0}^{\infty} \dfrac{\delta^T p_t}{\prod_{\tau=0}^{t-1}(1+r_\tau)} = 1$ 是计价物方程。$\gamma > 0$,$p_t \geqq 0$,$y_t \geqq 0$,$q_t \geqq 0$,$x_t \geqq 0$,$s_t \geqq 0$,$z_t \geqq 0$ 是各经济变量的非负约束。

在本章的模型中,由于无法决定名义利润率的时间序列 $\{r_t\}$,该序列被假定为给定的。需要说明的是,外生给定的名义利润率序列不影响真实的相对价格、相对资源税和相对租金:如果 $\{p_t\}$,$\{y_t\}$,$\{q_t\}$,$\{z_t\}$,$\{x_{t+1}\}$,$\{s_{t+1}\}$ 是式(5-1)在给定时间序列 $\{r_t\}$ 条件下的一组解,那么对于另外一个任意的时间序列 $\{\rho_t\}$,$\{p_t'\}$,$\{y_t'\}$,$\{q_t'\}$,$\{z_t'\}$,$\{x_{t+1}'\}$,$\{s_{t+1}'\}$ 同样是式(5-1)的一组解,其中:

$$p_t' = \prod_{\tau=0}^{t-1} \dfrac{1+\rho_\tau}{1+r_\tau} p_t$$

---

① $y_{t+1} \leqq (1+r_t) y_t$ 和 $z_{t+1}^T y_{t+1} = (1+r_t) z_{t+1}^T y_t$ 实际上是霍特林法则。

第五章 基于动态投入产出框架的可耗竭资源理论模型：李嘉图与霍特林思想的融合

$$y'_t = \prod_{\tau=0}^{t-1} \frac{1+\rho_t}{1+r_t} y_t$$

$$q'_t = \prod_{\tau=0}^{t-1} \frac{1+\rho_t}{1+r_t} q_t$$

为了表述上的便利，时间序列 $\{r_t\}$ 被假设为给定的且为 0。因此，式（5-1）被简化为式（5-2）。

$$\begin{cases}
Bp_{t+1} \leqq Ap_t + Cy_t + Cq_t + l_1 w^T p_{t+1} \\
x_{t+1}^T Bp_{t+1} = x_{t+1}^T (Ap_t + Cy_t + Cq_t + l_1 w^T p_{t+1}) \\
y_{t+1} \leqq y_t \\
z_{t+1}^T y_{t+1} = z_{t+1}^T y_t \\
D_{t+1} y_{t+1} \leqq Fp_t + l_2 w^T p_{t+1} \\
s_{t+1}^T D_{t+1} y_{t+1} = s_{t+1}^T (Fp_t + l_2 w^T p_{t+1}) \\
v^T \geqq x_1^T A + s_1^T F + \gamma \delta^T \\
v^T p_0 = (x_1^T A + s_1^T F + \gamma \delta^T) p_0 \\
x_{t+1}^T (B - l_1 w^T) - s_{t+1}^T l_2 w^T \geqq x_{t+2}^T A + s_{t+2}^T F + \gamma \delta^T \\
x_{t+1}^T (B - l_1 w^T) p_{t+1} - s_{t+1}^T l_2 w^T p_{t+1} = (x_{t+2}^T A + s_{t+2}^T F + \gamma \delta^T) p_{t+1} \\
z_0^T \geqq x_1^T C + z_1^T \\
z_0^T y_0 = (x_1^T C + z_1^T) y_0 \\
z_t^T + s_t^T D_t \geqq x_{t+1}^T C + z_{t+1}^T \\
(z_t^T + s_t^T D_t) y_t = (x_{t+1}^T C + z_{t+1}^T) y_t \\
x_{t+1}^T C \leqq h^T \\
x_{t+1}^T C q_t = h^T q_t \\
z_0 = \bar{z} \\
\sum_{t=0}^{\infty} \delta^T p_t = 1 \\
\gamma > 0, p_t \geqq 0, y_t \geqq 0, q_t \geqq 0, x_t \geqq 0, s_t \geqq 0, z_t \geqq 0
\end{cases} \quad (5-2)$$

为了避免出现因资源耗竭而导致的"世界末日",假设存在一个"逆止性技术",该技术能够不使用可耗竭资源生产出所需的消费品列向量 δ。换言之,逆止性技术 $(\bar{A}, 0, \bar{l}_1, \bar{B})$ 是通过在 (A, C, l_1, B) 中删除直接使用可耗竭资源的生产过程来获得的,即一个生产过程 $(e_i^T A, e_i^T C, e_i^T l_1, e_i^T B)$ 在 $(\bar{A}, 0, \bar{l}_1, \bar{B})$ 中,当且仅当 $e_i^T C = 0$,其中 e_i 是第 i 个单位向量。(A, C, l_1, B) 中剩下的生产过程被标记为 $(\tilde{A}, \tilde{C}, \tilde{l}_1, \tilde{B})$。具体来看,下面的假设5.2成立。

假设5.2:对于式(5-3),存在一个标量 r^* 和向量 x^*、p^* 构成该方程组的解。

$$\begin{cases} x^T(\bar{B} - \bar{A} - \bar{l}_1 w^T) \geqq \delta^T \\ x^T(\bar{B} - \bar{A} - \bar{l}_1 w^T)p = \delta^T p \\ \bar{B}p \leqq [(1+r)\bar{A} + \bar{l}_1 w^T]p \\ x^T \bar{B}p = x^T[(1+r)\bar{A} + \bar{l}_1 w^T]p \\ x \geqq 0, p \geqq 0, \delta^T p = 1 \end{cases} \quad (5-3)$$

在逆止性技术中,在 $\bar{x}$($\bar{x}$ 是通过将 x^* 增加零元素获得的)生产密度下使用的生产过程被称为成本最小化逆止性生产过程,用 $(\hat{A}, 0, \hat{l}_1, \hat{B})$ 表示。为了简化分析,假设逆止性技术和成本最小化逆止性生产过程满足假设5.3。

假设5.3:逆止性技术的生产过程收敛于 $(\hat{A}, 0, \hat{l}_1, \hat{B})$,换言之,对于式(5-4)的解,存在一个自然数 θ^* 使得对于 $t \geq \theta^*$,只有在 $(\hat{A}, 0, \hat{l}_1, \hat{B})$ 中的生产过程被使用:

第五章 基于动态投入产出框架的可耗竭资源理论模型：李嘉图与霍特林思想的融合

$$\begin{cases} (\overline{B} - \overline{l}_1 w^T) p_{t+1} \leqq \overline{A} p_t \\ x_{t+1}^T (\overline{B} - \overline{l}_1 w^T) p_{t+1} = x_{t+1}^T \overline{A} p_t \\ v^T \geqq x_1^T \overline{A} + \gamma \delta^T \\ v^T p_0 = (x_1^T \overline{A} + \gamma \delta^T) p_0 \\ x_{t+1}^T (\overline{B} - \overline{l}_1 w^T) \geqq x_{t+2}^T \overline{A} + \gamma \delta^T \\ x_{t+1}^T (\overline{B} - \overline{l}_1 w^T) p_{t+1} = (x_{t+2}^T \overline{A} + \gamma \delta^T) p_{t+1} \\ \sum_{t=0}^{\infty} \delta^T p_t = 1 \\ \gamma > 0, p_t \geqq 0, x_{t+1} \geqq 0 \end{cases} \quad (5-4)$$

假设 5.4：成本最小化逆止性生产过程共有 n 个；矩阵 $[\hat{B} - \hat{l}_1 w^T]$ 是可逆的；矩阵 $[\hat{B} - \hat{l}_1 w^T]^{-1} \hat{A}$ 是非负的，并且其最大的特征值小于1。

假设 5.3 是为了将"收敛"问题或"重力中心"问题同当前所研究的问题相分离，也即认为在长期内市场价格会收敛于自然价格。[①] 假设 5.4 是为了简化由于存在联合生产问题所带来的一些复杂性，[②] 当仅存在单一生产的情况下，假设 5.4 自然成立。

在对模型做了基本的设定之后，可以论述李嘉图和霍特林关于可耗竭资源的思想是如何在上面的模型中体现出来的。如本章第二节所述，李嘉图和霍特林关于可耗竭资源的分析是基于不同的假设条件。在李嘉图的理论框架下，下面的假设条件（R1）至（R3）成立：[③]

（R1）在每一个矿藏耗竭之后，可以找到另一个具有同样特征的矿藏。

[①] 市场价格在长期内收敛于由成本最小化技术决定的自然价格或成本价格，这在古典经济理论中有很详细的论证，而且早期的新古典经济学家，如马歇尔、瓦尔拉斯、维克塞尔等也持有这种观点。虽然从现代的角度来看，如何从数理的角度证明这一论点存在一些争议（相关争论可见贝利诺（Bellino, 2011）对这一问题的综述），但从经验事实来看，市场价格是收敛于成本价格的（Petri, 2011），所以将这一论点作为假设条件是具有合理性的。

[②] 由联合生产所引发的一些复杂问题，可以参见萨尔瓦多里（Salvadori, 1982, 1985）等。

[③] 假设 R 表示李嘉图（Ricardo）。

换句话说，存在序列 $\{x_t\}$ 和 $\{s_t\}$ 使得式（5-5）成立：

$$s_t^T D \geqq x_{t+1}^T C \qquad (5-5)$$

（R2）搜寻成本是保持不变的，也就是说：对于所有的 $t>0$，$\alpha=1$ 或 $D_t = D_{t+1}$。

（R3）在每一个矿藏上存在一个开采限制，用向量 h 对应的元素表示。

在霍特林的理论框架下，下面的假设条件（H1）至（H3）成立：①

（H1）经济中只有一种资源，且最初的资源数量是已知、给定的，即 $s=1$，并且 $\bar{z}$ 是已知和给定的。

（H2）没有资源的开采限制：h 接近于无限大。

（H3）没有资源的搜寻活动，比如对于所有的 $t>0$，$D_t=0$。

因此，霍特林法则并不是在所有场合都成立，李嘉图对于可耗竭资源的分析不是不完善的，而且也不逊于霍特林的分析。李嘉图和霍特林对于可耗竭资源的思想都是有助于对这些问题的研究。在进一步讨论李嘉图和霍特林思想与商品相对价格之间的一些关系之前，需要对本节模型的解的存在条件做必要的分析。

第三节　模型解存在的充分必要条件

本节将考虑搜寻成本递增的情况，即 $\alpha \in (0,1)$，对于搜寻成本不变的情况将在下一节进行分析。假设式（5-2）存在一个解，定义在 t 时期使用的生产过程为 t 时期的一个位置或生产方法 t。因为生产过程总数是有限的，所以生产方法 t 总数也是有限的，因此至少有一个生产方法 t 是无限次被使用的。同时，由于资源的总量是有限的，搜寻资源的成本是递增的，

---

① 假设 H 表示霍特林（Hotelling）。

故任何无限次使用的生产方法 t 或不使用可耗竭资源,或与逆止性技术的生产过程一同使用且递减的消耗可耗竭资源。也就是说,逆止性技术会被最终使用。基于此,可以将整个时期分为两个阶段:一个有限的从时期 0 到 τ' 的阶段和一个无限的从 $\tau'+1$ 到无穷的阶段,其中在第二阶段中只有逆止性技术的生产过程被使用。另外,如果假设 5.3 和假设 5.4 成立,那么可以将第二个阶段进一步划分:一个有限的从 $\tau'+1$ 到 τ'' 的阶段和一个无限的从 $\tau''+1$ 到无穷的阶段,其中在第二个阶段中成本最小化逆止性生产过程开始使用且有:

$$p_t = A^{*\,t-\tau''} p_{\tau''}$$
$$y = y_{\tau''}$$

其中,$A^* = (\hat{B} - \hat{l}_1 w^T)^{-1} \hat{A}$。

本节的逻辑分析表明,可以将式(5-6)作为对式(5-2)的一个初步分析。

$$\begin{cases} Bp_{t+1} \leq Ap_t + Cy_t + Cq_t + l_1 w^T p_{t+1} & 0 \leq t \leq \theta - 1 \\ x_{t+1}^T Bp_{t+1} = x_{t+1}^T (Ap_t + Cy_t + Cq_t + l_1 w^T p_{t+1}) & 0 \leq t \leq \theta - 1 \\ y_{t+1} \leq y_t & 0 \leq t \leq \theta - 1 \\ z_{t+1}^T y_{t+1} = z_{t+1}^T y_t & 0 \leq t \leq \theta - 1 \\ D_{t+1} y_{t+1} \leq Fp_t + l_2 w^T p_{t+1} & 0 \leq t \leq \theta - 1 \\ s_{t+1}^T D_{t+1} y_{t+1} = s_{t+1}^T (Fp_t + l_2 w^T p_{t+1}) & 0 \leq t \leq \theta - 1 \\ v^T \geq x_1^T A + s_1^T F + \gamma \delta^T \\ v^T p_0 = (x_1^T A + s_1^T F + \gamma \delta^T) p_0 \\ x_{t+1}^T (B - l_1 w^T) - s_{t+1}^T l_2 w^T \geq x_{t+2}^T A + s_{t+2}^T F + \gamma \delta^T & 0 \leq t \leq \theta - 2 \\ [x_{t+1}^T (B - l_1 w^T) p_{t+1} - s_{t+1}^T l_2 w^T] p_{t+1} = (x_{t+2}^T A + s_{t+2}^T F + \gamma \delta^T) p_{t+1} & 0 \leq t \leq \theta - 2 \\ x_\theta^T (B - l_1 w^T) \geq \gamma \delta^T + \gamma \delta^T (I - A^*)^{-1} A^* \end{cases}$$

(5-6)

$$\begin{cases} x_\theta^T(B - l_1 w^T) p_\theta = [\gamma \delta^T + \gamma \delta^T (I - A^*)^{-1} A^*] p_\theta \\ z_0^T \geqq x_1^T C + z_1^T \\ z_0^T y_0 = (x_1^T C + z_1^T) y_0 \\ z_t^T + s_t^T D_t \geqq x_{t+1}^T C + z_{t+1}^T \quad 0 \leq t \leq \theta - 1 \\ (z_t^T + s_t^T D_t) y_t = (x_{t+1}^T C + z_{t+1}^T) y_t \quad 0 \leq t \leq \theta - 1 \\ x_{t+1}^T C \leqq h^T \quad 0 \leq t \leq \theta \\ x_{t+1}^T C q_t = h^T q_t \quad 0 \leq t \leq \theta \\ z_0 = \bar{z} \\ \sum_{t=0}^{\theta-1} \delta^T p_t + \sum_{t=\theta}^{\infty} \delta^T A^{*\, t-\theta} p_\theta = 1 \\ p_t \geqq 0, y_t \geqq 0, q_t \geqq 0 \quad 0 \leq t \leq \theta \\ x_t \geqq 0, s \geqq 0, z_t \geqq 0 \quad 1 \leq t \leq \theta \\ \gamma > 0 \end{cases} \quad (5-6)$$

在式（5-6）中，θ 是一个正的自然数。式（5-6）是式（5-2）的前 θ 个时期，且自 $\theta+1$ 时期起，成本最小化逆止性生产过程开始使用，且生产密度使得经济能够生产 γ 单位的消费品向量 δ，即 $x_{\theta+1} = \gamma \bar{x}$。因此，对于 $t > \theta$，有：$x_{\theta+1}^T A = \gamma \delta^T (I - A^*)^{-1} A^*$，① $p_t = A^{*\, t-\theta} p_\theta$。

由于搜寻过程不能一直进行下去，所以可以假设对于所有的 $t \geq \theta$，有 $s_t = 0$。②

式（5-6）等价于下面的一组线性对偶问题：

原问题：Min $\quad v^T p_0 + \bar{z}^T y_0 + h^T \sum_{t=0}^{\theta} q_t$

s. t.

---

① 令 $\hat{x}^*$ 为 $(\hat{A}, 0, \hat{l}_1, \hat{B})$ 的生产密度向量，且 $\hat{A} = (B - \hat{l}_1 w^T) A^*$，故 $\hat{x}^* (\hat{B} - \hat{l}_1 w^T - \hat{A}) = \hat{x}^* (\hat{B} - \hat{l}_1 w^T)(I - A^*) = \delta^T$，$\hat{x}^* (\hat{B} - \hat{l}_1 w^T) A^* = \delta^T (I - A^*)^{-1} A^*$。

② 如果该式不成立，则可以寻找一个更大的自然数 θ'，最终一定会满足 $s_t = 0$。

$$\begin{cases} Bp_{t+1} \leq Ap_t + Cy_t + Cq_t + l_1 w^T p_{t+1} & 0 \leq t \leq \theta - 1 \\ y_{t+1} \leq y_t & 0 \leq t \leq \theta - 1 \\ D_{t+1} y_{t+1} \leq Fp_t + l_2 w^T p_{t+1} & 0 \leq t \leq \theta - 1 \\ \sum_{t=0}^{\theta-1} \delta^T p_t + \sum_{t=\theta}^{\infty} \delta^T A^{*t-\theta} p_\theta = 1 \\ p_t \geq 0, y_t \geq 0, q_t \geq 0 & 0 \leq t \leq \theta \end{cases} \quad (5-7)$$

对偶问题：Max γ

s. t.

$$\begin{cases} v^T \geq x_1^T A + s_1^T F + \gamma \delta^T \\ x_{t+1}^T(B - l_1 w^T) - s_{t+1}^T l_2 w^T \geq x_{t+2}^T A + s_{t+2}^T F + \gamma \delta^T & 0 \leq t \leq \theta - 2 \\ x_\theta^T(B - l_1 w^T) \geq \gamma \delta^T + \gamma \delta^T (I - A^*)^{-1} A^* \\ z^T \geq x_1^T C + z_1^T \\ z_t^T + s_t^T D_t \geq x_{t+1}^T C + z_{t+1}^T & 0 \leq t \leq \theta - 1 \\ x_{t+1}^T C \leq h^T & 0 \leq t \leq \theta \\ x_t \geq 0, s \geq 0, z_t \geq 0 & 1 \leq t \leq \theta \\ \gamma > 0 \end{cases} \quad (5-8)$$

引理 5.1：如果存在一个逆止性技术，对于 $\theta = \theta'$，式（5-6）存在一个解，当且仅当假设 5.5 成立。

假设 5.5：存在三个有限的序列 $\{x_t\}$，$\{s_t\}$ 和 $\{z_t\}$，$1 \leq t \leq \theta$，以及一个实数 γ，使得式（5-8）成立。

证明：根据线性规划对偶定理，如果原问题和对偶问题都存在可行解，那么两个问题都存在最优解。假设 5.5 说明了对偶问题存在可行解，而下面的 p_t，y_t，q_t 序列是原问题的可行解，因此两个问题都存在最优解，即式（5-6）存在解。

$$p_t = \frac{r^*}{(1+r^*)^{t+1}} p^* \quad t = 0, 1, \cdots, \theta'$$

$$y_t = 0 \quad t = 0,1,\cdots,\theta'$$

$$q_t = \sigma e \quad t = 0,1,\cdots,\theta'$$

其中，σ 是一个非常大的数。引理 5.1 得证。

Q. E. D.

可以进一步证明，如果式（5-6），即式（5-2）的前 $\theta = \theta'$ 时期存在解，那么对于 $\theta = \theta''$，$\theta'' \geq \theta'$，式（5-6）同样存在解。

引理 5.2：如果式（5-6）对于 $\theta = \theta'$ 存在一个解，那么对于任意的 $\theta = \theta''$，$\theta'' \geq \theta'$，式（5-6）都存在解。

证明：如果三个时间序列 $\{x_t'\}$，$\{s_t'\}$，$\{z_t'\}$（$t = 1,2,\cdots,\theta'$）和一个实数 γ' 满足式（5-8），那么下面三个时间序列 $\{x_t''\}$，$\{s_t''\}$，$\{z_t''\}$ 和 γ' 同样满足式（5-8）：

$x_t'' = x_t'$，$t = 1,2,\cdots,\theta'$，$x_t'' = \gamma' \bar{x}$，$t = \theta' + 1, \theta' + 2, \cdots, \theta''$

$s_t'' = s_t'$，$t = 1,2,\cdots,\theta'$，$s_t'' = 0$，$t = \theta' + 1, \theta' + 2, \cdots, \theta''$

$z_t'' = z_t'$，$t = 1,2,\cdots,\theta'$，$z_t'' = z_\theta'$，$t = \theta' + 1, \theta' + 2, \cdots, \theta''$

根据引理 5.1 的逻辑，式（5-6）对于 $\theta = \theta''$ 存在一个解。引理 5.2 得证。

Q. E. D.

从引理 5.2 可知，对于任意的 $\theta'' \geq \theta'$，式（5-6）或式（5-2）的前 θ 时期都存在解。如果 θ 趋近于无穷，就可以寻找到式（5-2）的解。具体的，令存在一个自然数 θ' 使得假设 5.5 成立，那么对于 $\theta \geq \theta'$ 对偶问题的最大值存在，将其记为 γ_θ。对于每一个 $\theta \geq \theta'$，定义如下六个时间序列 $\{x_{t\theta}\}$，$\{s_{t\theta}\}$，$\{z_{t\theta}\}$，$\{p_{t\theta}\}$，$\{y_{t\theta}\}$，$\{q_{t\theta}\}$：对于 $t \leq \theta$，$\{p_{t\theta}\}$，$\{y_{t\theta}\}$ 和 $\{q_{t\theta}\}$ 等于原问题的最优解，$\{x_{t\theta}\}$，$\{s_{t\theta}\}$ 和 $\{z_{t\theta}\}$ 是对偶问题的最优解；对于 $t \geq \theta$，

$$p_{t\theta} = A^{*t-\theta} p_{\theta\theta}$$

$$y_{t\theta} = y_{\theta\theta}$$

$$q_{t\theta} = q_{\theta\theta}$$

$$x_{t\theta} = \gamma_\theta \bar{x}$$

$$z_{t\theta} = z_{\theta\theta}$$

$$s_{t\theta} = 0$$

定理 5.1：下面的时间序列 $\{p_t^*\}$，$\{y_t^*\}$，$\{q_t^*\}$，$\{x_t^*\}$，$\{z_t^*\}$，$\{s_t^*\}$ 和一个实数 γ^* 是式（5-2）的一个解。

$$p_t^* = \lim_{\theta \to \infty} p_{t\theta} \tag{5-9}$$

$$y_t^* = \lim_{\theta \to \infty} y_{t\theta} \tag{5-10}$$

$$q_t^* = \lim_{\theta \to \infty} q_{t\theta} \tag{5-11}$$

$$x_t^* = \lim_{\theta \to \infty} x_{t\theta} \tag{5-12}$$

$$s_t^* = \lim_{\theta \to \infty} s_{t\theta} \tag{5-13}$$

$$z_t^* = \lim_{\theta \to \infty} z_{t\theta} \tag{5-14}$$

$$\gamma_t^* = \lim_{\theta \to \infty} \gamma_\theta \tag{5-15}$$

证明：如果式（5-9）~式（5-15）的极限存在，那么很容易验证上述序列 $\{p_t^*\}$，$\{y_t^*\}$，$\{q_t^*\}$，$\{x_t^*\}$，$\{z_t^*\}$，$\{s_t^*\}$ 和实数 γ^* 满足式（5-2）中除 $Bp_{t+1} \leq Ap_t + Cy_t + Cq_t + l_1 w^T p_{t+1}$ 和 $D_{t+1} y_{t+1} \leq Fp_t + l_2 w^T p_{t+1}$ 外的所有方程，只需证明其满足 $Bp_{t+1} \leq Ap_t + Cy_t + Cq_t + l_1 w^T p_{t+1}$ 和 $D_{t+1} y_{t+1} \leq Fp_t + l_2 w^T p_{t+1}$ 即可。利用反证法，假设对于某些 t，上述时间序列不满足 $Bp_{t+1} \leq Ap_t + Cy_t + Cq_t + l_1 w^T p_{t+1}$ 和 $D_{t+1} y_{t+1} \leq Fp_t + l_2 w^T p_{t+1}$，那么 $\{p_t^*\}$，$\{y_t^*\}$，$\{q_t^*\}$ 序列的前 t 个元素不可能为原问题的最优解，这和 $\{p_t^*\}$，$\{y_t^*\}$，$\{q_t^*\}$ 的定义相矛盾，因此，$\{p_t^*\}$，$\{y_t^*\}$，$\{q_t^*\}$，$\{x_t^*\}$，$\{z_t^*\}$，$\{s_t^*\}$ 和实数 γ^* 组成式（5-2）的一个解。

接下来需要证明这些极限的存在性。因为对于每一个 θ，γ_θ 都是对偶问题的最大值，所以 $\gamma_{\theta+1} \geq \gamma_\theta$，也即序列 $\{\gamma_\theta\}$ 是非递减的。另外，由 $v^T \geq x_1^T A + s_1^T F + \gamma \delta^T$ 可知 γ_θ 是有上限的，所以序列 $\{\gamma_\theta\}$ 是收敛，极限式（5-15）是存在的。

因为 $0 \leq p_{t+1}^* \leq A^* p_t^*$，$0 \leq y_{t+1}^* \leq y_t^*$，同时根据对偶定理，对于 $\theta = 0$，有：

$$\gamma^* - v^T p_0^* - \bar{z}^T y_0^* = 0$$

因此 $\{p_t^*\}$ 和 $\{y_t^*\}$ 两个时间序列是非递增的，且两个序列的初始值都是受限的，所以式（5-9）和式（5-10）的极限是存在的。

对于 $t \geq \theta$，$x_{t\theta} = \gamma_\theta \bar{x}$，故 $x_{t+1}^T C \leq h^T$ 作为一个严格不等式成立，因此式（5-11）的极限存在且等于0。

由于定义，式（5-13）的极限存在。

从 $z_0^T \geq x_1^T C + z_1^T$ 和 $z_0 = \bar{z}$ 可知，序列 $\{z_t^*\}$ 是一个非递增的，且初始值给定的序列，所以式（5-14）的极限存在。

最后，由于序列 $\{x_t^*\}$ 的定义，以及式（5-15）极限存在，可知式（5-12）的极限存在。定理5.1得证。

Q. E. D.

第四节 可耗竭资源与恒定的商品相对价格

霍特林法则意味着可耗竭资源的价格应该按照利润率的水平不断上涨，这似乎又进一步意味着绝大多数商品的相对价格会发生变化。商品价格不断发生变化似乎又意味着使用长期分析方法的古典经济理论是无法合理地分析可耗竭资源问题的。然而这种观点需要进一步审视。首先，古典经济理论不严格要求相对价格一直保持稳定，古典理论的长期价格会随着决定这些价格的因素的变化而改变，[①] 在绝大多数情况下，决定长期价格的因素相对于市场价格变化速度而言相对稳定或变化较慢，因此长期分析

[①] 如斯拉法（1960）曾经指出，当存在土地稀缺的情况下，相对价格和土地地租会随着某种土地由充裕变成完全耕种而迅速发生变化，但相对价格和地租的变化不是连续的。

方法和长期价格是能够解释市场价格的变化趋势的。即使当这些因素无法保持相对稳定时，考虑到新古典理论存在的逻辑缺陷，古典理论仍是可行的替代理论（Kurz and Salvadori，1995）。其次，在存在可耗竭资源，甚至霍特林法则成立的情况下，商品的相对价格并不一定会发生变化。

库尔茨和萨尔瓦多里（2009，2011）指出在存在可耗竭资源的情况下，商品的相对价格在下面几种情形下可以保持相对稳定：第一，逆止性技术在一开始是成本最小化的，其他的生产过程不被使用；第二，使用可耗竭资源的生产过程由于资源的开采限制而无法生产出所需要的消费品，因此逆止性技术不得不一开始就被投入使用；第三，对于每一个耗竭资源矿藏，可以通过相同的劳动和商品投入来发现另一个具有同样性质的矿藏。这几种情况都可以用第二节的模型来表示。

一、逆止性技术最初是成本最小化的生产技术

在这种情况下，可耗竭资源由于过于昂贵而无法被开采、使用。在这种情况下，逆止性生产技术要优于开采和使用可耗竭资源的生产过程，这可以表示如下：

$$\tilde{B}p^* < \tilde{A}p^*(1+r^*) + \tilde{l}_1 w^T p^* \qquad (5-16)$$

其中，p^* 和 r^* 由假设 5.2 定义。

式（5-16）的含义是：即使在资源税和租金为零的情况下，使用可耗竭资源的生产过程在由成本最小化逆止性生产技术决定的利润率和相对价格水平下会产生额外的成本。此时，任何资源都不值得开采，逆止性生产技术将会被马上投入使用。因为逆止性生产技术被假设为收敛于成本最小化的逆止性生产过程，所以从长期来看，相对价格将由成本最小化的逆止性生产过程决定，也即可以保持不变。

需要强调的是，一种资源是否是值得使用的"资源"，是不能独立于

收入分配关系和所使用的生产技术。

二、由于资源开采限制导致逆止性生产技术最初就投入使用

在现实中，每个资源矿藏的开采都存在一定的开采限制条件。为了满足需求，不同富裕程度的矿藏往往需要同时开采。如果所有值得开采的资源全部达到开采限制而仍然无法生产出所需要的消费品，那么不使用可耗竭资源的逆止性技术就不得不投入使用。

在这种情况下，霍特林法则是成立的，资源税按照利润率水平上涨，但是商品的相对价格却可以保持不变。原因在于资源所有者不仅获得资源税，而且可以获得租金，并且资源税和租金的加总是不变的常量。这种情况可以表示如下：

令假设 5.5 成立，式（5-2）有一个解。对于式（5-2）的解，式（5-17）~式（5-19）成立：

$$s_t^{*T}D_t < x_{t+1}^{*T}C \qquad (5-17)$$

$$x_{t+1}^{*T}C = h^T \qquad (5-18)$$

$$\tilde{x}_{t+1}^{*T}(\tilde{B} - \tilde{l}_1 w^T) - s_t^{*T}l_2 w^T < \tilde{x}_{t+2}^{*T}\tilde{A} + s_{t+2}^{*T}F + \gamma^*\delta^T \qquad (5-19)$$

$(\tilde{A}, \tilde{C}, \tilde{l}_1, \tilde{B})$ 是使用可耗竭资源的生产过程，$\tilde{x}^*$ 是对应的生产密度向量。式（5-17）表示搜寻到的资源不能满足所需要的资源数量，式（5-18）表示所有开采的资源均已达到开采限制，式（5-19）表示使用可耗竭资源的生产过程不能够生产出所需要的消费品。因此，逆止性技术必须和使用可耗竭资源的生产过程一同使用。

因为假设逆止性技术收敛于成本最小化逆止性生产过程，假设在某一时期 θ_1，$(\hat{A}, 0, \hat{l}_1, \hat{B})$ 被使用并且对应的生产密度是 $\hat{x}^*$。同时假设搜寻资源的活动在时期 θ_1 前停止。因此，在时期 θ_1 之后，价格路径变成了一个不变的序列 $\{p^*\}$，同时式（5-1）的方程 $Bp_{t+1} \leq (Ap_t + Cy_t + Cq_t)(1 + r_t) +$

$l_1w^Tp_{t+1}$ 和方程 $x_{t+1}^TBp_{t+1} = x_{t+1}^T[(Ap_t + Cy_t + Cq_t)(1+r_t) + l_1w^Tp_{t+1}]$ 被式 (5-20) 和式 (5-21) 所取代:

$$Bp^* \leq (Ap^* + Cy_t + Cq_t)(1+r^*) + l_1w^Tp^* \quad t \geq \theta_1 \quad (5-20)$$

$$x_{t+1}^{*T}Bp^* = x_{t+1}^{*T}[(Ap^* + Cy_t + Cq_t)(1+r^*) + l_1w^Tp^*] \quad t \geq \theta_1$$
$$(5-21)$$

其中,p^* 和 r^* 由假设 5.2 定义。

令 (A_t, C_t, l_{1t}, B_t) 表示在 t 时期 ($t \geq \theta_1$) 实际使用的生产过程,那么有:

$$B_tp^* = (A_tp^* + C_ty_t + C_tq_t)(1+r^*) + l_{1t}w^Tp^* \quad t \geq \theta_1$$
$$(5-22)$$

从式 (5-22) 可以发现 ($y_t^* + q_t^*$) 是恒定的,即使霍特林法则成立,资源税不断上涨,但是租金却不断下降且使得两者的加总保持不变。

资源税和租金的路径由下面的方式决定:假设在某一时期 θ_2,资源将被开采用尽,那么在 θ_2 时期资源数量会非常的少以及至于式 (5-23) 成立:

$$h^T > z_{\theta_2-1}^T - z_{\theta_2}^T \geq \tilde{x}_{\theta_2}^{*T}\tilde{C} \quad (5-23)$$

在 θ_2 时期因资源开采没有达到开采限制所以租金为 0: $q_{\theta_2}^* = 0$,$y_{\theta_2}^*$ 由成本最小化逆止性生产过程与使用可耗竭资源的生产过程之间的成本差来决定。① 一旦 y_θ^* 被决定,那么 t 时期的资源税可以通过霍特林法则逆向求得:

$$y_t^* = (1+r^*)^{t-\theta_2}y_{\theta_2}^* \quad \theta_1 \leq t \leq \theta_2 \quad (5-24)$$

一旦 y_t^* 被决定,t 时期的租金 q_t^* 可以通过式 (5-22) 获得。

三、资源可以被劳动和商品"再生产"出来

第一节已经说明,在李嘉图理论框架下,资源矿产存在开采限制,并

---

① 也即按照级差地租的方式来决定。

且每一个矿藏耗竭之后,都可以通过不变的劳动和商品投入成本(即 $\alpha = 1$)寻找到一个同样性质的矿藏。在这种情况下,资源并不完全是可耗竭的,资源是可以被劳动和商品"再生产"出来的。① 在这样的情况下,资源的贮藏行为无法获利,因此式(5-2)被简化如下:

$$\begin{cases} Bp_{t+1} \leqq Ap_t + Cy_t + Cq_t + l_1 w^T p_{t+1} \\ x_{t+1}^T B p_{t+1} = x_{t+1}^T (Ap_t + Cy_t + Cq_t + l_1 w^T p_{t+1}) \\ Dy_{t+1} \leqq Fp_t + l_2 w^T p_{t+1} \\ s_{t+1}^T Dy_{t+1} = s_{t+1}^T (Fp_t + l_2 w^T p_{t+1}) \\ v^T \geqq x_1^T A + s_1^T F + \gamma \delta^T \\ v^T p_0 = [x_1^T A + s_1^T F + \gamma \delta^T] p_0 \\ x_{t+1}^T (B - l_1 w^T) - s_{t+1}^T l_2 w^T \geqq x_{t+2}^T A + s_{t+2}^T F + \gamma \delta^T \\ x_{t+1}^T (B - l_1 w^T) p_{t+1} - s_{t+1}^T l_2 w^T p_{t+1} = (x_{t+2}^T A + s_{t+2}^T F + \gamma \delta^T) p_{t+1} \\ z_0^T \geqq x_1^T C \\ z_0^T y_0 = x_1^T C y_0 \\ s_t^T D \geqq x_{t+1}^T C \\ s_t^T Dy_t = x_{t+1}^T C y_t \\ x_{t+1}^T C \leqq h^T \\ x_{t+1}^T C q_t = h^T q_t \\ z_0 = \bar{z} \\ \sum_{t=0}^{\infty} \delta^T p_t = 1 \\ \gamma > 0, p_t \geqq 0, y_t \geqq 0, q_t \geqq 0, x_t \geqq 0, s_t \geqq 0 \end{cases} \quad (5-25)$$

对于式(5-25),同样存在两个问题:第一,在什么条件下,式

---

① 斯拉法在其未发表的论文和书信集中曾经提及这一点,见 Kurz and Salvadori. Economic dynamics in a simple model with exhaustible resources and a given real wage rate [J]. Structural Change and Economic Dynamics,2000,11 (1):169.

(5-25)存在不变的相对价格解？第二，如果存在不变的相对价格解，那么式（5-25）的价格动态时间序列是否会收敛与这一不变的相对价格解？第二个问题实际上仍然是"收敛"问题，不是本章所研究的内容，因此与假设5.3类似，本节假设如果式（5-25）存在一个不变的相对价格解，那么相对价格的时间序列会收敛这一不变的解。假设5.6和定理5.2给出了第一个问题的答案。

假设5.6：存在向量 $\hat{x}, \hat{s}$ 和标量 $\hat{\gamma}$ 使得式（5-26）成立。

$$\begin{cases} \hat{x}^T(B - l_1 w^T) - \hat{s}^T l_2 w^T \geqq \hat{x}^T A + \hat{s}^T F + \hat{\gamma} \delta^T \\ \hat{s}^T D \geqq \hat{x}^T C \\ \hat{x}^T C \leqq h^T \end{cases} \quad (5-26)$$

假设5.6的含义是，存在生产密度 $\hat{x}$ 和 $\hat{s}$ 使得生产技术能够在满足开采限制的情况下生产出所需要的消费品。

定理5.2：如果假设5.6成立，那么式（5-27）存在一组解 p^*，y^*，q^*，x^*，s^*，γ^*。

$$\begin{cases} Bp \leqq Ap + Cy + Cq + l_1 w^T p \\ x^T Bp = x^T(Ap + Cy + Cq + l_1 w^T p) \\ Dy \leqq Fp + l_2 w^T p \\ s^T Dy = s^T(Fp + l_2 w^T p) \\ x^T(B - l_1 w^T) - s^T l_2 w^T \geqq x^T A + s^T F + \gamma \delta^T \\ x^T(B - l_1 w^T)p - s^T l_2 w^T p = (x^T A + s^T F + \gamma \delta^T)p \\ s^T D \geqq x^T C \\ s^T Dy = x^T Cy \\ x^T C \leqq h^T \\ x^T Cq = h^T q \\ \delta^T p = 1 \\ \gamma > 0, p \geqq 0, y \geqq 0, q \geqq 0, x \geqq 0, s \geqq 0 \end{cases} \quad (5-27)$$

定理 5.2 的证明与引理 5.1 类似，将略去。

对式（5-27）可以进一步分析：第一，如果在式（5-27）中，资源开采限制不起作用，即 h 非常大以至于 $x^T C \leq h^T$ 永远作为一个严格不等式成立，那么定理 5.2 中的模型就演变为一个类似于固定资本的模型，此时资源可以被看作一年旧的机器。① 基本思路是，资源的搜寻过程生产一年旧的机器（资源），其他生产过程使用一年旧的机器（资源）生产其他商品。

第二，如果在式（5-27）中，搜寻资源所需要的劳动和商品成本极低以至于可以忽略不计，即 $Dy \leq Fp + l_2 w^T p$ 和 $s^T Dy = s^T(Fp + l_2 w^T p)$ 不存在，那么定理 5.2 中的模型就演变为一个地租模型（Kurz and Salvadori, 1995）。

需要进一步说明的是，虽然本节讨论的几种情形可能是一些极端情形，但这足以说明在现实经济中为什么资源价格和商品价格不像霍特林法则预测的那样。同时，这些情形也为从古典角度分析可耗竭资源问题提供了理论依据。

---

① 这一点曾被库尔茨和萨尔瓦多里（Kurz and Salvadori, 1995）建议。

第六章
需求拉动型地租理论扩展

本章是对现代古典理论体系下地租理论的扩展。斯拉法在《用商品生产商品——经济理论批判绪论》一书的第十一章中再现了古典地租理论。随后，多位学者沿着斯拉法的思路对地租理论进行了扩展（Montani, 1975; Kurz, 1978; Quadrio-Curzio, 1980; D'Agata, 1983; Salvadori, 1986; Kurz and Salvadori, 1995; Bidard, 2010, 2014）。从现有研究来看，根据假设条件的不同一般可以区分三种不同类型的地租：扩展型地租、密集型地租和外部级差地租。大多数对于地租问题的研究往往假设最终需求或使用要求是外生给定的，萨尔瓦多里（Salvadori, 1983）放松了这一假定。他假设最终需求是收入分配变量的函数。在这种情况下，萨尔瓦多里发现了另外一种形式的地租并将其称为奇异地租或需求拉动型地租，这种地租由生产条件和需求条件同时决定。

为了将需求拉动型地租同其他形式地租加以区分，萨尔瓦多里仅考察了一个单一生产体系，而没有考虑技术选择。但是，正如库尔茨和萨尔瓦多里（Kurz and Salvadori, 1995）指出，对于土地问题，一直存在一个技术选择问题需要解决，例如究竟哪块土地会被优先耕种，采用什么方式耕种等。本章的目的是对需求拉动型地租理论进行扩展，具体地，本章将引入多个农业生产过程，从而考察技术选择问题对需求拉动型地租模型带来的影响。然而，本章的扩展内容也会产生一些复杂性，特别是在本章的模型中无法排除密集型级差地租的影响，换言之，本章的模型无法区分密集型地租和需求拉动型地租的差异。

本章的基本结论概括如下：在存在多个农业生产过程且按照成本最小化标准进行技术选择时，如果仅考虑需求拉动型地租，则可能产生一些纯联合生产下的复杂性，如可能存在多于一个成本最小化生产技术且这些成本最小化的生产技术对应不同的商品价格和分配关系；如当所有技术都是可行的情况下可能不存在成本最小化的生产技术。然而，在后一种情况下，可以证明至少在一个生产体系下，密集型的地租是存在的，并且决定密集型地租的生产体系是成本最小化的。

因为对于外部级差地租理论的分析同密集型级差地租理论的分析相类似，本章获得结论可以推广到存在多种工业品生产过程的情形。在这种情形下，模型将无法区分需求拉动型地租和外部级差地租。

第一节 基本假设和分析框架

假设经济中存在 n 种商品，这些商品可也被 m（$m \geq n$）种规模报酬不变的生产过程生产出来。全社会的商品被分为两类：一类是农产品，其生产直接需要土地；另一类是工业品，其生产不直接需要土地。假设商品 n 是农产品，其他商品是工业品。此外，假设 6.1~假设 6.3 成立：

假设 6.1：全社会仅存在一种类型的土地，并且土地的数量给定为 t 单位。

假设 6.2：对每一个工业品，仅有一个生产过程来生产。

假设 6.3：每一个生产过程生产一种并且仅生产一种商品。

从假设 6.2 可知，存在 $m-n+1$ 个生产农产品的生产过程。将所有的生产过程重新排序，令最后 $m-n+1$ 个生产过程为农产品的生产过程。每一个

生产过程 i 用（a_i, c_i, l_i, b_i）来表示，其中，a_i 是半正的商品投入向量，c_i 是劳动投入标量，l_i 是劳动投入标量，b_i 是半正的商品产出向量。对于一个生产过程 j，如果 $1 \leq j \leq n-1$，那么 $c_j = 0$。同时，因为不考虑联合生产问题，本章将所有的生产过程按产出进行标准化处理，假设每一个生产过程生产 1 单位产出，即对于每一个生产过程 i，如果 $1 \leq i \leq n-1$，则 $b_i = e_i$，如果 $n \leq i \leq m$，那么 $b_i = e_n$，其中 e_i 为第 i 个单位向量，$i = 1, 2, \cdots, n$。

本章使用间接方法来分析技术选择问题。①一个生产技术被定义为 n 个生产过程的集合，每个生产过程生产一种不同的商品 i（$i = 1, 2, \cdots, n$）。生产技术 h 由（$A^{(h)}, c^{(h)}, l^{(h)}, I$）表示，其中 I 为单位矩阵，同时：

$$A^{(h)} = (a_1, a_2, \cdots, a_n^{(h)})^T_{n \times n}$$
$$c^{(h)} = (0, 0, \cdots, c_n^{(h)})^T_{n \times 1}$$
$$l^{(h)} = (l_1, l_2, \cdots, l_n^{(h)})^T_{n \times 1}$$

其中，生产过程（$a_n^{(h)}, c_n^{(h)}, l_n^{(h)}, e_n$）是 $m-n+1$ 个生产农产品的生产过程之一。从生产技术的定义可知，所有的生产技术的数量 $v = m - n + 1$。

为了简化分析，假设所有的商品都是基本商品，也就是说每一个商品 j 都直接或间接进入所有商品的生产中，并且假设每一个生产技术都是可行的。正式的，假设 6.4 和假设 6.5 成立。

假设 6.4：矩阵 $A^{(h)}$ 是不可分解矩阵，$h = 1, 2, \cdots, v$。

假设 6.5：对于每一个技术矩阵 $A^{(h)}$，存在一个半正的向量 x，使得 $x^T \geqq x^T A^{(h)}$。

---

① 关于技术选择的直接方法是指将所有的生产过程定义为生产技术，然后按照成本最小化的标准进行选择，间接方法是选取每一个商品的一个生产过程，并将这些过程的组合定义为一个生产技术，即间接方法下一个生产技术由生产 n 种商品的 n 个生产过程构成，然后将不同的技术进行比较，最后选择成本最小化的生产技术。两种技术选择的方法是等价的，但是在处理如联合生产的问题时，直接方法更加便利。对于两种技术选择方法的详细介绍，见 Kurz and Salvadori. Theory of Production: A Long-Period Analysis [M]. Cambridge: Cambridge University Press, 1995: Chapter 5.

从假设 6.4 和假设 6.5 可知，技术矩阵 $A^{(h)}$ 的弗罗贝尼乌斯根 $\lambda^F(A^{(h)}) < 1$。

整个社会分为三个群体：工人、地租和资本家，其中工人出卖劳动力并获得工资，地主拥有土地并通过出租土地给资本家来获得地租收入，资本家雇佣工人、租种土地，同时进行投资并获得利润。在消费方面，假设工人、资本家和地主具有不同的消费结构，具体地，令 b_w、b_c、b_l 表示工人、资本家和地主的消费结构。

令 x 表示生产密度向量，p 表示商品价格向量，w 表示工资率，r 表示利润率，q 表示（每单位土地）地租率。对于一个生产技术 $(A^{(h)}, c^{(h)}, l^{(h)}, I)$，如果对于给定的利润率 r，存在 x, p, w, q 使得下面的式（6-1）成立，那么就称该技术是可行的。

$$\begin{cases} p = (1+r)A^{(h)}p + wl^{(h)} + qc^{(h)} \\ x^T = x^T A^{(h)} + w\dfrac{x^T l^{(h)}}{b_w^T p}b_w^T + r\dfrac{x^T A^{(h)} p}{b_c^T p}b_c^T + q\dfrac{x^T c^{(h)}}{b_l^T p}b_l^T \\ x^T c^{(h)} \leq t \\ x^T c^{(h)} q = tq \\ u^T p = 1 \\ x \geq 0, p \geq 0, w \geq 0, q \geq 0 \end{cases} \quad (6-1)$$

式（6-1）中，u 是一个给定的半正的计价物向量。可以证明，如果 $r > R^{(h)}$，其中 $R^{(h)} = [1 - \lambda^F(A^{(h)})] / \lambda^F(A^{(h)})$ 是技术 $(A^{(h)}, c^{(h)}, l^{(h)}, I)$ 能够支付的最大利润率，那么技术 $(A^{(h)}, c^{(h)}, l^{(h)}, I)$ 就是不可行的。

从式（6-1）中的 $p = (1+r)A^{(h)}p + wl^{(h)} + qc^{(h)}$ 和 $u^T p = 1$ 可知，对于一个生产技术，式（6-2）和式（6-3）成立：

$$w = \dfrac{1}{u^T[I-(1+r)A^{(h)}]^{-1}l^{(h)}} - q\dfrac{u^T[I-(1+r)A^{(h)}]^{-1}c^{(h)}}{u^T[I-(1+r)A^{(h)}]^{-1}l^{(h)}}$$

$$(6-2)$$

$$p = w[I - (1+r)A^{(h)}]^{-1}l^{(h)} + q[I - (1+r)A^{(h)}]^{-1}c^{(h)} \quad (6-3)$$

令总劳动量标准化为1。如果不考虑技术选择问题，假设只有生产技术1存在，那么令 b_w、b_c、b_l 做如下的标准化处理：①

$$b_w^T(I-A^{(1)})^{-1}l^{(1)} = b_c^T(I-A^{(1)})^{-1}l^{(1)} = b_l^T(I-A^{(1)})^{-1}l^{(1)} = 1 \quad (6-4)$$

萨尔瓦多里（1983）证明了下面两种情况下地租、价格和工资的决定方式：②

第1种情况：$x^T c^{(1)} < t$，即土地不稀缺的情况，此时地租为0，$q=0$，价格 p、工资 w 和生产密度 x 如同没有使用土地的单一生产体系一样的方式决定。③

第2种情况：$x^T c^{(1)} = t$，即土地是稀缺的。此时地租率 q、价格 p 和工资 w 由式（6-2）、式（6-3）和式（6-5）来决定：④

$$\frac{t}{L} = b_c^T(I-A^{(1)})^{-1}c^{(1)} + w\frac{(b_w - b_c)^T(I-A^{(1)})^{-1}c^{(1)}}{b_w^T p} + \frac{qt}{L}\frac{(b_l - b_c)^T(I-A^{(1)})^{-1}c^{(1)}}{b_l^T p} \quad (6-5)$$

萨尔瓦多里证明的两种情形可以用图形来表示。式（6-2）可以表示为 (q, w) 平面的一条直线。同时从式（6-2）、式（6-3）和式（6-5）可以得到一个关于地租率 q 的一元二次方程，假设方程的形式如式

---

① 需要说明的是，式（6-4）的标准化只是简化解的形式，标准化本身对方程组的解没有任何影响。

② 证明过程也可以参考 Kurz and Salvadori. Theory of Production：A Long-Period Analysis [M]. Cambridge：Cambridge University Press, 1995：Chapter 10.

③ Kurz and Salvadori. Theory of Production：A Long-Period Analysis [M]. Cambridge：Cambridge University Press, 1995：Chapter 4.

④ 证明过程见 Salvadori. On a new variety of rent [J]. Metroeconomica, 1983（35）：84；Kurz and Salvadori. Theory of Production：A Long-Period Analysis [M]. Cambridge：Cambridge University Press, 1995：302.

(6-6)所示：①

$$\alpha q^2 + \beta q + \gamma = 0 \qquad (6-6)$$

其中，α、β、γ 由生产技术和利润率 r 决定。

定义方程 $F(q) = \alpha q^2 + \beta q + \gamma$，进一步可以将式（6-2）和 $F(q)$ 画在同一个平面中，如图6.1所示。

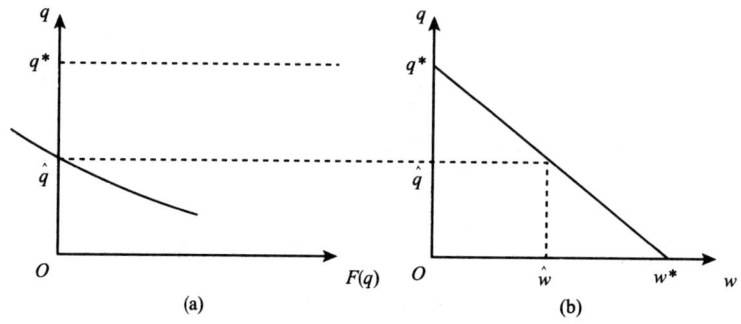

图6.1 单一技术条件下 $w-q$ 关系图

在图6.1中，如果土地是不稀缺的，那么地租是0，工资是 w^*。如果土地是稀缺的，那么地租由式（6-6）决定，或者是图6.1（a）中曲线 $F(q)$ 与纵轴的交点 $\hat{q}$，工资率由式（6-2）决定，或者是图6.1（b）中的 $\hat{w}$。因为 $F(q)$ 是 q 的一元二次方程形式，因此该曲线同纵轴在 $[0, q^*]$ 之间的交点可能有两个、一个或0个，即土地是稀缺时，可能存在两个、一个或无解。

现在假设存在多种生产技术，生产者会选择成本最小化的生产技术。成本最小化的生产技术的定义如下：在给定的利润率 r 下，如果在一个可行的技术 $(A^{(k)}, c^{(k)}, l^{(k)}, I)$ 决定的价格 p，工资率 w 和地租率 q 下没有任何生产过程能够支付额外的利润，那么 $(A^{(k)}, c^{(k)}, l^{(k)}, I)$ 就被称作是在利润率 r 下的成本最小化生产技术。换句话说，对于给定的利润率 r 和技术 $(A^{(k)},$

---
① 本节将计算过程略去。

$c^{(k)}, l^{(k)}, I$),向量 $x^{(k)}$、$p^{(k)}$ 和标量 $w^{(k)}$、$q^{(k)}$ 是式(6-1)的解,如果技术 ($A^{(k)}, c^{(k)}, l^{(k)}, I$) 是成本最小化的,那么对于每一个 h,式(6-7)成立:

$$p^{(k)} \leqq (1+r) A^{(h)} p^{(k)} + w^{(k)} l^{(h)} + q^{(k)} c^{(h)} \qquad h = 1, 2, \cdots, v$$
(6-7)

显然当 $k = h$ 时,式(6-7)的等式形式成立。

在进入正式的关于技术选择问题的讨论前,本章用一些数值例子来反映考虑技术选择问题后可能产生的一些复杂性。

第二节 一个数值例子

本节的数值例子假设只有三个生产过程用于生产两种商品:谷物和钢铁,前者是一种农产品,后者是一种工业品。生产的投入产出关系如表6.1所示。土地的数量假设为10单位,劳动的数量是45单位。假设工人仅消耗谷物,资本家和地主仅消耗钢铁。谷物作为计价物。

表6.1 投入产出表

生产过程	投入				产出	
	钢铁	谷物	劳动	土地	钢铁	谷物
(1) 钢铁	1/3	1/10	3/2	0	1	0
(2) 谷物	1/3	1/6	1	1	0	1
(3) 谷物	1/4	1/5	1	2	0	1

将生产过程(1)和(2)定义为生产技术1,将生产过程(1)和(3)定义为生产技术2。可以证明:$R^{(1)} = \dfrac{41 - 3\sqrt{145}}{4}$,$R^{(2)} = \dfrac{27 - 2\sqrt{106}}{5}$。因此,当 $r > \dfrac{27 - 2\sqrt{106}}{5}$ 时,所有技术都是不可行的,本节假设 r 属于区间 $[0, \dfrac{27 - 2\sqrt{106}}{5}]$。

令 p_1 表示钢铁的价格。对于生产技术1，式（6-8）成立：

$$\begin{cases} \dfrac{3}{2}w + \left(\dfrac{p_1}{3} + \dfrac{1}{10}\right)(1+r) = p_1 \\ q + w + \left(\dfrac{p_1}{3} + \dfrac{1}{6}\right)(1+r) = 1 \end{cases} \quad (6-8)$$

或者：

$$w = \frac{30rq - 60q - 41r + 2r^2 + 47}{15(r+7)} \quad (6-9)$$

$$p_1 = \frac{9(9 - r - 10q)}{10(r+7)} \quad (6-10)$$

令 x_1 和 x_2 表示每个生产方法的生产密度，则式（6-11）成立：

$$\begin{cases} \dfrac{3}{2}x_1 + x_2 = 45 \\ q(10 - x_2) = 0 \\ x_1 = \dfrac{1}{3}x_1 + \dfrac{1}{3}x_2 + \left[x_1\left(\dfrac{1}{3}p_1 + \dfrac{1}{10}\right) + x_2\left(\dfrac{1}{3}p_1 + \dfrac{1}{6}\right)\right]\dfrac{r}{p_1} + \dfrac{10q}{p_1} \\ x_2 = \dfrac{1}{10}x_1 + \dfrac{1}{6}x_2 + 45w \end{cases}$$

$$(6-11)$$

可以证明：

（1）当土地不稀缺时：

$$p_1 = \frac{9(9-r)}{10(r+7)} \quad (6-12)$$

$$w = \frac{2r^2 - 41r + 47}{15(r+7)} \quad (6-13)$$

$$q = 0 \quad (6-14)$$

$$x_1 = \frac{10(-4r^2 + 107r + 81)}{9(r+7)} \quad (6-15)$$

$$x_2 = \frac{20(r^2 - 20r + 27)}{3(r + 7)} \quad (6-16)$$

式（6-12）~式（6-16）的解具有经济含义仅当 r 属于区间 $[0, \frac{41 - 3\sqrt{145}}{4}]$。

（2）当土地稀缺时：

$$p_1 = \frac{3(3 + r)}{10(2 - r)} \quad (6-17)$$

$$w = \frac{2}{15} \quad (6-18)$$

$$q = \frac{2r^2 - 43r + 33}{30(2 - r)} \quad (6-19)$$

$$x_1 = \frac{70}{3} \quad (6-20)$$

$$x_2 = 10 \quad (6-21)$$

式（6-17）~式（6-21）的解具有经济含义仅当 r 属于区间 $[0, \frac{43 - \sqrt{1585}}{4}]$。

对于生产技术2，式（6-22）成立：

$$\begin{cases} \frac{3}{2}w + \left(\frac{p_1}{3} + \frac{1}{10}\right)(1 + r) = p_1 \\ 2q + w + \left(\frac{p_1}{4} + \frac{1}{5}\right)(1 + r) = 1 \end{cases} \quad (6-22)$$

或者：

$$w = \frac{80rq - 160q - 54r + 5r^2 + 61}{5(r + 25)} \quad (6-23)$$

$$p_1 = \frac{-12(2r + 30q - 13)}{5(r + 25)} \quad (6-24)$$

下面的式（6-25）成立：

$$\begin{cases} \dfrac{3}{2}x_1 + x_2 = 45 \\ q(10 - 2x_2) = 0 \\ x_1 = \dfrac{1}{3}x_1 + \dfrac{1}{4}x_2 + \left[x_1\left(\dfrac{1}{3}p_1 + \dfrac{1}{10}\right) + x_2\left(\dfrac{1}{4}p_1 + \dfrac{1}{5}\right)\right]\dfrac{r}{p_1} + \dfrac{10q}{p_1} \\ x_2 = \dfrac{1}{10}x_1 + \dfrac{1}{5}x_2 + 45w \end{cases} \quad (6-25)$$

可以证明:

(1) 当土地不稀缺时:

$$p_1 = \frac{12(13-2r)}{5(r+25)} \quad (6-26)$$

$$w = \frac{5r^2 - 54r + 61}{5(r+25)} \quad (6-27)$$

$$q = 0 \quad (6-28)$$

$$x_1 = \frac{90(-5r^2 + 58r + 39)}{13(r+25)} \quad (6-29)$$

$$x_2 = \frac{45(15r^2 - 161r + 208)}{13(r+25)} \quad (6-30)$$

式 (6-26) ~ 式 (6-30) 的解具有经济含义仅当 r 属于区间 $\left[0, \dfrac{27-2\sqrt{106}}{5}\right]$。

(2) 当土地稀缺时:

$$p_1 = \frac{9r+13}{30(2-r)} \quad (6-31)$$

$$w = \frac{4}{135} \quad (6-32)$$

$$q = \frac{135r^2 - 1462r + 1547}{2160(2-r)} \quad (6-33)$$

$$x_1 = \frac{80}{3} \quad (6-34)$$

$$x_2 = 5 \tag{6-35}$$

式（6-31）~式（6-35）的解具有经济含义仅当 r 属于区间 $[0, \frac{731 - 2\sqrt{81379}}{135}]$。

因此，当 $r \in [0, \frac{43 - \sqrt{1585}}{4}]$ 时，无论土地是否稀缺，生产技术 1 和生产技术 2 都是可行的。但是，如果 $r \in (90 - \sqrt{7969}, \frac{43 - \sqrt{1585}}{4})$ 时，如果土地是稀缺的，那么可以证明下面的式（6-36）成立：

$$\begin{cases} p^{(1)} \geqslant (1+r)A^{(2)}p^{(1)} + w^{(1)}l^{(2)} + q^{(1)}c^{(2)} \\ p^{(2)} \geqslant (1+r)A^{(1)}p^{(2)} + w^{(2)}l^{(1)} + q^{(2)}c^{(1)} \end{cases} \tag{6-36}$$

换言之，生产技术 1 和生产技术 2 都不是成本最小化的生产技术。本节将忽略生产技术 1 和生产技术 2 获得相同利润率的情形，表 6.2 中总结了不同利润率下成本最小化生产技术选择的结果。

表 6.2　　　　　　　　　　不同利润率下的技术选择

利润率 r	土地不稀缺		土地稀缺	
	生产技术 1	生产技术 2	生产技术 1	生产技术 2
$[0, 90 - \sqrt{7969})$	F	F & CM	F & CM	F
$(90 - \sqrt{7969}, \frac{43 - \sqrt{1583}}{4})$	F	F & CM	F	F
$(\frac{43 - \sqrt{1583}}{4}, \frac{761 - 38\sqrt{391}}{9})$	F	F & CM	NF	F
$(\frac{761 - 38\sqrt{391}}{9}, \frac{731 - 2\sqrt{81379}}{135})$	F	F & CM	NF	F & CM
$(\frac{731 - 2\sqrt{81379}}{135}, \frac{41 - 3\sqrt{145}}{4})$	F	F & CM	NF	NF
$(\frac{41 - 3\sqrt{145}}{4}, \frac{27 - 2\sqrt{106}}{5})$	NF	F & CM	NF	NF

注：F，可行的；NF，不可行的；CM，成本最小化的。

到目前为止，本节尚未考虑密集型地租。因为存在多于一个生产过程可以生产农产品，因此密集型地租是可以存在的。当土地稀缺时，式(6-37)也可以成立：

$$\begin{cases} \dfrac{3}{2}w + \left(\dfrac{1}{3}p_1 + \dfrac{1}{10}\right)(1+r) = p_1 \\ q + w + \left(\dfrac{1}{3}p_1 + \dfrac{1}{6}\right)(1+r) = 1 \\ 2q + w + \left(\dfrac{1}{4}p_1 + \dfrac{1}{5}\right)(1+r) = 1 \end{cases} \quad (6-37)$$

因此有：

$$p_1 = \frac{12(14-r)}{5(7r+31)} \quad (6-38)$$

$$w = \frac{r^2 - 166r + 193}{5(7r+31)} \quad (6-39)$$

$$q = \frac{-13r^2 + 40r + 53}{30(7r+31)} \quad (6-40)$$

令 x_1、x_2、x_3 表示各生产过程的生产密度，于是式（6-41）成立：

$$\begin{cases} \dfrac{3}{2}x_1 + x_2 + x_3 = 45 \\ q(10 - x_2 - 2x_3) = 0 \\ x_1 = \dfrac{1}{3}x_1 + \dfrac{1}{3}x_2 + \dfrac{1}{4}x_3 + \left[x_1\left(\dfrac{1}{3}p_1 + \dfrac{1}{10}\right) \right. \\ \left. + x_2\left(\dfrac{1}{3}p_1 + \dfrac{1}{6}\right) + x_3\left(\dfrac{1}{4}p_1 + \dfrac{1}{5}\right)\right]\dfrac{r}{p_1} + \dfrac{10q}{p_1} \\ x_2 + x_3 = \dfrac{1}{10}x_1 + \dfrac{1}{6}x_2 + \dfrac{1}{5}x_3 + 45w \end{cases} \quad (6-41)$$

可解得：

$$x_1 = \frac{5(-9r^2 + 2306r + 1859)}{21(7r+31)} \quad (6-42)$$

$$x_2 = \frac{5(9r^2 - 1552r + 1613)}{7(7r + 31)} \qquad (6-43)$$

$$x_3 = \frac{-45r^2 + 180r + 131}{14(7r + 31)} \qquad (6-44)$$

式（6-38）~式（6-40）和式（6-42）~式（6-44）的解具有经济含义仅当 r 属于区间 $[90 - \sqrt{7969}, \frac{761 - 38\sqrt{391}}{9}]$。从上文的分析可知，如果 $r \in (90 - \sqrt{7969}, \frac{43 - \sqrt{1585}}{4})$ 时，生产技术1和生产技术2都是可行的，但是不存在成本最小化的生产技术，然而在这一区间内，决定密集型地租的体系是可行的，并且是成本最小化的。

从本节的例子中可以发现考虑技术选择后的一些概要结论：第一，即使不考虑联合生产，也可能存在多于一种成本最小化的生产技术；第二，存在可行的生产技术并不能保证一定存在成本最小化的生产技术；第三，如果土地是稀缺的，仅考虑需求拉动型地租时，如果所有的生产技术都是可行的但不存在成本最小化的生产技术，此时决定密集型地租的生产体系可能是可行的，并且可能是唯一的成本最小化的生产技术。下一节将给出一般性的证明。

第三节　技术选择

鉴于密集型地租和需求拉动型地租的决定方式各不相同，本节首先将考虑需求拉动型地租的技术选择问题，随后再分析密集型地租的技术选择问题。本节将分不同的情形进行讨论，将证明：可能存在多于一种成本最小化的生产技术；即使在所有的生产都可行的情况下，成本最小化的生产技术也可能不存在。接着本节将讨论密集型地租，并将证明上述第二种情形，即所有生产技术都是可行的但成本最小化的生产技术不存在时，密集型地租会产生，并且至少一个决定密集型地租的生产体系是成本最小化的。

一、仅考虑需求拉动型地租的技术选择问题

对于每一个生产技术 $(A^{(h)}, c^{(h)}, l^{(h)}, I)$, $h = 1, 2, \cdots, v$, 如果土地是不稀缺的，那么地租将不会产生，成本最小化的生产技术是在给定利润率下能够支付最高工资率的生产技术，同时如果存在多于一个成本最小化的生产技术，那么可以证明这些技术具有相同的工资率和相对价格（Kurz and Salvadori, 1995）。

如果土地是稀缺的，对于生产技术 h, 工资率和地租被式（6-2）、式（6-3）和类似于式（6-5）的方程决定，① 本节将这些方程重新表述为式（6-45）。

$$\begin{cases} w = \dfrac{1}{u^T [I - (1+r) A^{(h)}]^{-1} l^{(h)}} - q \dfrac{u^T [I - (1+r) A^{(h)}]^{-1} c^{(h)}}{u^T [I - (1+r) A^{(h)}]^{-1} l^{(h)}} \\ \alpha_h q^2 + \beta_h q + \gamma_h = 0 \end{cases}$$

(6-45)

令 $q^{(h)*}$ 表示生产技术 h 在工资率为 0 时能够支付的最大地租率，即 $q^{(h)*} = \dfrac{1}{u^T [I - (1+r) A^{(h)}]^{-1} c^{(h)}}$。如果对于所有的 h, $\beta_h^2 - 4\alpha_h \gamma_h < 0$, 那么就不存在成本最小化的生产技术。假设对于一些生产技术，有 $\beta_h^2 - 4\alpha_h \gamma_h \geq 0$。进一步，对于这些生产技术，令 $q^{(h)'} = \dfrac{-\beta_h + \sqrt{\beta_h^2 - 4\alpha_h \gamma_h}}{2\alpha_h}$, $q^{(h)''} = \dfrac{-\beta_h - \sqrt{\beta_h^2 - 4\alpha_h \gamma_h}}{2\alpha_h}$。如果 $q^{(h)'}$ 和 $q^{(h)''}$ 均不在区间 $[0, q^{(h)*}]$ 内，

---

① 需要说明的是，对于生产技术 $(A^{(h)}, c^{(h)}, l^{(h)}, I)$, $h \neq 1$, 式（6-5）的结构会变得更加复杂，因为式（6-4）不再满足，但是式（6-6）仍然是一元二次的形式。

那么不存在成本最小化的生产技术。假设对于前 s 个生产技术,要么 $q^{(h)'}$ 在区间 $[0, q^{(h)*}]$ 内,要么 $q^{(h)''}$ 在区间 $[0, q^{(h)*}]$ 内,或者两者都在,也就是说,二阶函数 $F^{(h)}(q)$ 和纵轴在区间 $[0, q^{(h)*}]$ 至少有一个交点。尽管从数学形式上给出具有经济含义解存在的条件,但是本节将省略这些计算细节。下面的定理 6.1 给出了存在成本最小化生产技术的充分和必要条件。

定理 6.1:当仅考虑需求拉动型地租时,且土地是稀缺的,令 $q^{(k)'}$ 和 $w^{(k)'}$ 为生产技术 $(A^{(k)}, c^{(k)}, l^{(k)}, I)$ ($1 < k < s$) 决定的利润率和工资率,那么 $(A^{(k)}, c^{(k)}, l^{(k)}, I)$ 是成本最小化的生产技术,当且仅当没有其他技术在地租率 $q^{(k)'}$ 下可以支付更高的工资率。

证明:令 $(A^{(h)}, c^{(h)}, l^{(h)}, I)$ ($1 < k < s$) 表示一个不同于生产技术 $(A^{(k)}, c^{(k)}, l^{(k)}, I)$ 的技术。令 $p^{(hk)}$ 和 $w^{(hk)}$ 表示生产技术 h 在给定利润率 r 且地租率是 $q^{(k)'}$ 情况下的价格向量与工资率,也就是说式(6-46)成立:

$$p^{(hk)} = (1+r) A^{(h)} p^{(hk)} + w^{(hk)} l^{(h)} + q^{(k)'} c^{(h)} \quad (6-46)$$

首先证明充分条件。利用反证法,假设 $w^{(hk)} > w^{(k)'}$,然后证明 $(A^{(k)}, c^{(k)}, l^{(k)}, I)$ 不是成本最小化的。因为 $(A^{(k)}, c^{(k)}, l^{(k)}, I)$ 和 $(A^{(h)}, c^{(h)}, l^{(h)}, I)$ 仅有一个生产技术不同,故下面的不等式(6-47)式(6-48)之一成立:

$$p^{(k)} \geq (1+r) A^{(h)} p^{(k)} + w^{(k)'} l^{(h)} + q^{(k)'} c^{(h)} \quad (6-47)$$

$$p^{(k)} \leq (1+r) A^{(h)} p^{(k)} + w^{(k)'} l^{(h)} + q^{(k)'} c^{(h)} \quad (6-48)$$

如果式(6-47)成立,那么 $(A^{(k)}, c^{(k)}, l^{(k)}, I)$ 不是成本最小化的生产技术。如果式(6-48)成立,那么有:

$$w^{(k)'} [I - (1+r) A^{(h)}]^{-1} l^{(h)} + q^{(k)'} [I - (1+r) A^{(h)}]^{-1} c^{(h)} \geq p^{(k)}$$
$$= w^{(hk)} [I - (1+r) A^{(h)}]^{-1} l^{(h)}$$
$$+ q^{(k)'} [I - (1+r) A^{(h)}]^{-1} c^{(h)} \quad (6-49)$$

如果式（6-49）成立时，$r < R^{(h)}$ 并且 $A^{(h)}$ 是不可分解矩阵，所以 $[I - (1+r)A^{(h)}]$ 可逆并且其逆矩阵是正的。① 从式（6-49）可以知道 $w^{(k)'} \geqslant w^{(hk)}$ 和假设相矛盾，因此如果 $w^{(hk)} > w^{(k)'}$，则 $(A^{(k)}, c^{(k)}, l^{(k)}, I)$ 不是成本最小化的。

下面证明必要性。如果 $(A^{(k)}, c^{(k)}, l^{(k)}, I)$ 是成本最小化的，那么式（6-48）成立，因此有：$w^{(k)'} \geqslant w^{(hk)}$。

Q. E. D.

根据定理 6.1，如果土地是稀缺的，一个技术是成本最小化的当且仅当该技术决定的地租—工资率是 (q, w) 平面内所有直线的最外延。图 6.2 给出了一个简单的 $s = 3$ 的例子。对于每一个技术 $i (i = 1, 2, 3)$，只有对应式（6-2）的直线 ($q_i^* - w_i^*$) 被画出。需要说明的是这些直线（以及未被画出的一元二次曲线）会随着利润率 r 的变化而变化。

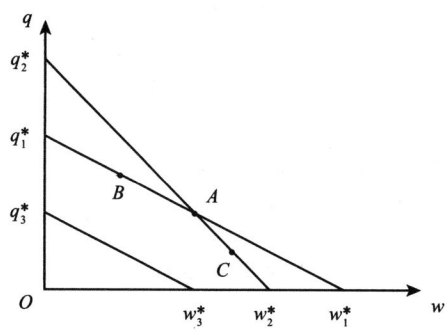

图 6.2　一个技术选择的例子

在图 6.2 中，生产技术 3 无论土地是否稀缺都不是成本最小化的生产技术，因为在生产技术 3 决定的任何地租—工资率，生产技术 1 和生产技术 2 都会支付额外的利润。因此，仅需要考虑生产技术 1 和生产技术 2。下面将讨论不同的情形。

---

① Nikaido H. Convex Structures and Economic Theory [M]. New York and London: Academic Press, 1968: 107.

情形 6.1：对于生产技术 1 和生产技术 2 而言，土地都是不稀缺的。

在情形 6.1 下，成本最小化的生产技术是能够在给定利润率下支付更高工资的技术，也即生产技术 1。

情形 6.2：如果生产技术 1 被使用，土地是不稀缺的，但生产技术 2 被使用时，土地是稀缺的。

在情形 6.2 下，生产技术 1 是成本最小化的，同时根据定理 6.1，生产技术 2 是成本最小化的当且仅当生产技术 2 决定的地租—利润率在直线 $[q_2^*, A]$ 之间。

情形 6.3：如果生产技术 1 被使用，土地是稀缺的，但生产技术 2 被使用时，土地不是稀缺的。

在情形 6.3 下，生产技术 2 不是成本最小化的生产技术，同时根据定理 6.1，生产技术 1 是成本最小化的当且仅当生产技术 1 决定的地租—利润率在直线 $[A, w_1^*]$ 之间。

情形 6.4：对于生产技术 1 和生产技术 2 而言，土地都是稀缺的。

在情形 6.4 下，生产技术 1 是成本最小化的当且仅当生产技术 1 决定的地租—利润率在直线 $[A, w_1^*]$ 之间，同时生产技术 2 是成本最小化的当且仅当生产技术 2 决定的地租—利润率在直线 $[q_2^*, A]$ 之间。相反，如果生产技术 1 决定的地租—工资率是 B 点，生产技术 2 决定的地租—利润率是 C 点，那么在 (q_B, w_B) 生产技术 2 能够支付额外的利润，在 (q_C, w_C) 生产技术 1 能够支付额外的利润，因此即使两个技术都是可行的，但是不存在成本最小化的生产技术。

二、密集型地租

上面的分析中并没有考虑密集型地租问题。当农产品被一个生产过程生产且土地是稀缺时，资本家可以不采用另一个农产品生产过程来替代现有的生产过程，而是可以两者共同使用，前提条件是第二个农产品生产过程能够生产更多的农产品但生产单位农产品的成本更高。在这种情况下，密集型地租是可以存在的，并且可以仅由生产条件决定。

可以证明，对于两个不同的生产技术 i 和 j（$i \neq j$），当两个技术对应的 (q,w) 平面的直线相交时，密集型地租就会存在。① 本小节将生产技术 i 和 j 所有的生产过程组成的集合称为决定密集型地租的生产体系。在图 6.2 中，对于生产技术 1 和生产技术 2 而言，土地都是稀缺时，密集型地租可以存在，并且密集型地租的量由图中 A 点决定。在上小节的情形 6.4 下，当生产技术 1 和生产技术 2 都是可行的，但不存在成本最小化生产技术，此时从图 6.2 可以发现密集型地租是可以存在的，并且在 A 点决定的地租—工资率下，没有任何一个生产技术可以支付额外的利润，也即决定密集型地租的生产体系是成本最小化的。

定理 6.2：当土地是稀缺的，如果仅考虑需求拉动型地租，即使所有的生产技术都是可行的，但是并不存在成本最小化的生产技术，那么此时：（1）密集型地租是存在的；（2）至少存在一个决定密集型地租的生产体系是成本最小化的。

证明：如果定理 6.2 的第一部分是成立的，那么定理 6.2 的第二部分可以借助于定理 6.1 来证明。因为所有生产过程的数量是有限的，所以生产技术的数量也是有限的，因此可以选择两个生产技术使得两者对应的 $q-w$ 直线构成前沿面。如果两个技术都是可行的但是两者都不是成本最小的，那么此时两个生产技术决定的密集型地租存在，而且密集型地租对应的地租—工资率位于前沿面上，因此根据定理 6.1 可知，决定这个密集型地租的生产体系是成本最小化的。

剩下的只需要证明定理 6.2 的第一部分成立。不失一般性，假设生产技术 i 和 j（$i \neq j$）是可行的，并且对于给定的利润率 r，生产技术 j（i）在

---

① Kurz and Salvadori. Theory of Production: A Long-Period Analysis [M]. Cambridge: Cambridge University Press, 1995: Chapter 10.

由生产技术 $i(j)$ 决定的价格、工资率和地租下支付额外的利润，或者：

$$p^{(i)} \geq (1+r)A^{(j)}p^{(i)} + w^{(i)}l^{(j)} + q^{(i)}c^{(j)} \qquad (6-50)$$

$$p^{(j)} \geq (1+r)A^{(i)}p^{(j)} + w^{(j)}l^{(i)} + q^{(j)}c^{(i)} \qquad (6-51)$$

式（6-50）和式（6-51）成立的情况下可以证明两个生产技术对应的 $q-w$ 直线存在一个交点。因为 $A^{(j)}$ 不可分解且 $r < R^{(j)}$，故有 $[I-(1+r)A^{(j)}]$ 是可逆的并且其逆矩阵是正的。因此从式（6-50）可知：

$$p^{(i)} > w^{(i)}[I-(1+r)A^{(j)}]^{-1}l^{(j)} + q^{(i)}[I-(1+r)A^{(j)}]^{-1}c^{(j)}$$
$$(6-52)$$

因为式（6-2）成立，所以有：

$$w^{(i)}\{u^T[I-(1+r)A^{(i)}]^{-1}l^{(i)} - u^T[I-(1+r)A^{(j)}]^{-1}l^{(j)}\}$$
$$+ q^{(i)}\{u^T[I-(1+r)A^{(i)}]^{-1}c^{(i)}$$
$$- u^T[I-(1+r)A^{(j)}]^{-1}c^{(j)}\} > 0 \qquad (6-53)$$

类似的，从式（6-51）可知：

$$w^{(j)}\{u^T[I-(1+r)A^{(j)}]^{-1}l^{(j)} - u^T[I-(1+r)A^{(i)}]^{-1}l^{(i)}\}$$
$$+ q^{(j)}\{u^T[I-(1+r)A^{(j)}]^{-1}c^{(j)}$$
$$- u^T[I-(1+r)A^{(i)}]^{-1}c^{(i)}\} > 0 \qquad (6-54)$$

下面将要证明 $u^T[I-(1+r)A^{(i)}]^{-1}l^{(i)} - u^T[I-(1+r)A^{(j)}]^{-1}l^{(j)}$ 和 $u^T[I-(1+r)A^{(i)}]^{-1}c^{(i)} - u^T[I-(1+r)A^{(j)}]^{-1}c^{(j)}$ 都不等于0，且这两个数值拥有不同的符号。

如果 $u^T[I-(1+r)A^{(i)}]^{-1}l^{(i)} = u^T[I-(1+r)A^{(j)}]^{-1}l^{(j)}$，那么从式（6-53）可知 $u^T[I-(1+r)A^{(i)}]^{-1}c^{(i)} > u^T[I-(1+r)A^{(j)}]^{-1}c^{(j)}$，但是这种情况同式（6-54）相矛盾，因此 $u^T[I-(1+r)A^{(i)}]^{-1}l^{(i)} \neq u^T[I-(1+r)A^{(j)}]^{-1}l^{(j)}$。类似的，$u^T[I-(1+r)A^{(i)}]^{-1}c^{(i)} \neq u^T[I-(1+r)A^{(j)}]^{-1}c^{(j)}$。

如果 $u^T[I-(1+r)A^{(i)}]^{-1}l^{(i)} > u^T[I-(1+r)A^{(j)}]^{-1}l^{(j)}$ 且 $u^T[I-(1+r)A^{(i)}]^{-1}$

$c^{(i)} > u^T[I-(1+r)A^{(j)}]^{-1}c^{(j)}$，那么式（6-54）将出现矛盾。类似的，如果 $u^T[I-(1+r)A^{(i)}]^{-1}l^{(i)} < u^T[I-(1+r)A^{(j)}]^{-1}l^{(j)}$ 且 $u^T[I-(1+r)A^{(i)}]^{-1}c^{(i)} < u^T[I-(1+r)A^{(j)}]^{-1}c^{(j)}$，那么式（6-53）将出现矛盾。因此 $u^T[I-(1+r)A^{(i)}]^{-1}l^{(i)} - u^T[I-(1+r)A^{(j)}]^{-1}l^{(j)}$ 和 $u^T[I-(1+r)A^{(i)}]^{-1}c^{(i)} - u^T[I-(1+r)A^{(j)}]^{-1}c^{(j)}$ 拥有不同的符号，从而进一步说明了生产技术 i 和 j 对应的地租—工资率直线必然相交，因此密集型地租是存在的。

Q. E. D.

定理 6.2 的证明仅说明了价格、地租和工资率的存在性，对于数量体系，一旦地租、工资率和价格已知，生产密度的向量可以随后被确定。令 $(A^{(ij)}, c^{(ij)}, l^{(ij)}, B^{(ij)})$ 表示由生产技术 $(A^{(i)}, c^{(i)}, l^{(i)}, I)$ 和 $(A^{(j)}, c^{(j)}, l^{(j)}, I)$ 所有生产过程构成的生产体系。例如，在本章第二节的例子中，$(A^{(ij)}, c^{(ij)}, l^{(ij)}, B^{(ij)})$ 由生产技术 1（生产过程 1 和生产过程 2）和生产技术 2 的最后一个生产过程（生产过程 3）构成。令 $\bar{q}$、$\bar{w}$、$\bar{p}$ 表示对应的密集型地租、工资率和价格向量，或者说它们构成式（6-55）的解：

$$\begin{cases} B^{(ij)}p = (1+r)A^{(ij)}p + wl^{(ij)} + qc^{(ij)} \\ u^Tp = 1 \\ p \geqq 0, w \geqq 0, q \geqq 0 \end{cases} \quad (6-55)$$

令 z 表示生产密度向量，于是有式（6-56）：

$$\begin{cases} z^TB^{(ij)} = z^TA^{(ij)} + \bar{w}\dfrac{z^Tl^{(ij)}}{b_w^T\bar{p}}b_w^T + r\dfrac{z^TA^{(ij)}\bar{p}}{b_c^T\bar{p}}b_c^T + \bar{q}\dfrac{z^Tc^{(ij)}}{b_l^T\bar{p}}b_l^T \\ z^Tc^{(ij)} = t \\ z \geqq 0 \end{cases} \quad (6-56)$$

$z^TB^{(ij)} = z^TA^{(ij)} + \bar{w}\dfrac{z^Tl^{(ij)}}{b_w^T\bar{p}}b_w^T + r\dfrac{z^TA^{(ij)}\bar{p}}{b_c^T\bar{p}}b_c^T + \bar{q}\dfrac{z^Tc^{(ij)}}{b_l^T\bar{p}}b_l^T$ 包含 $n+1$ 个方程和 $n+1$ 个未知数，同时因为 $B^{(ij)}p = (1+r)A^{(ij)}p + wl^{(ij)} + qc^{(ij)}$ 成立，所

以 $z^T B^{(ij)} = z^T A^{(ij)} + \bar{w} \dfrac{z^T l^{(ij)}}{b_w^T \bar{p}} b_w^T + r \dfrac{z^T A^{(ij)} \bar{p}}{b_c^T \bar{p}} b_c^T + \bar{q} \dfrac{z^T c^{(ij)}}{b_l^T \bar{p}} b_l^T$ 有一个方程和其他方程是线性相关的。因此式（6-56）有一个自由度，该方程组会存在一个非平凡解。令 L 表示就业的劳动总量：

$$z^T l^{(ij)} = L \tag{6-57}$$

这样式（6-56）的解 z^* 就可以确定下来，但还需要证明 z^* 是半正的向量。

定理 6.3：如果式（6-55）存在一组解 $\bar{q}$、$\bar{w}$、$\bar{p}$，那么存在一个半正的向量 z^* 是式（6-56）和式（6-57）的解。

证明：从式（6-56）和式（6-57）可知：

$$z^T \left(B^{(ij)} - A^{(ij)} - r \dfrac{A^{(ij)} \bar{p}}{b_c^T \bar{p}} b_c^T \right) = \bar{w} \dfrac{L}{b_w^T \bar{p}} b_w^T + \bar{q} \dfrac{t}{b_l^T \bar{p}} b_l^T \tag{6-58}$$

接下来将证明式（6-58）存在一个非负解 z^*。根据替代定理，① 要么式（6-58）具有一个非负解，要么式（6-59）具有一个解，但是两者不能同时成立。

$$\begin{cases} \left(B^{(ij)} - A^{(ij)} - r \dfrac{A^{(ij)} \bar{p}}{b_c^T \bar{p}} b_c^T \right) y \geqq 0 \\ \left(\bar{w} \dfrac{L}{b_w^T \bar{p}} b_w^T + \bar{q} \dfrac{t}{b_l^T \bar{p}} b_l^T \right) y < 0 \end{cases} \tag{6-59}$$

假设式（6-59）存在一个解 y^*。从 $\left(B^{(ij)} - A^{(ij)} - r \dfrac{A^{(ij)} \bar{p}}{b_c^T \bar{p}} b_c^T \right) y \geqq 0$ 可知：

$$\left(I - A^{(i)} - r \dfrac{A^{(i)} \bar{p}}{b_c^T \bar{p}} b_c^T \right) y^* \geqq 0 \tag{6-60}$$

---

① Gale D. The Theory of Linear Economic Models [M]. New York：McGraw-Hill, 1960：44.

定义矩阵 M 如下：

$$M \equiv A^{(i)} - r \frac{A^{(i)} \bar{p}}{b_c^T \bar{p}} b_c^T$$

从 $B^{(ij)}p = (1+r) A^{(ij)}p + wl^{(ij)} + qc^{(ij)}$ 可知：

$$\left(I - A^{(i)} - r \frac{A^{(i)} \bar{p}}{b_c^T \bar{p}} b_c^T\right) \bar{p} = \bar{w} l^{(i)} + \bar{q} c^{(i)} \geq 0 \qquad (6-61)$$

或者：

$$(I - M) \bar{p} \geq 0 \qquad (6-62)$$

即存在一个向量 $\bar{p}$ 使得 $(I-M)\bar{p}$ 是半正的。同时因为 A 是不可分解矩阵，M 也是不可分解矩阵，因此 $(I-M)$ 是可逆的并且其逆矩阵是正的。将 $(I-M)$ 的逆矩阵乘以式（6-60）的两侧可以得到 $y^* \geq 0$。因为 $\bar{w} \frac{L}{b_w^T \bar{p}} b_w^T + \bar{q} \frac{t}{b_l^T \bar{p}} b_l^T \geq 0$，$\left(\bar{w} \frac{L}{b_w^T \bar{p}} b_w^T + \bar{q} \frac{t}{b_l^T \bar{p}} b_l^T\right) y < 0$ 出现了矛盾，故式（6-59）不存在解 y^*。进一步根据替代定理可知式（6-58）存在一个非负解 z^*。

进一步，显然从 $z^T c^{(ij)} = t$ 或式（6-57）可知，$z^* \neq 0$，因此必然有 z^* 是半正的。

Q. E. D.

第七章
结构化斯拉法超级乘数的构建与应用

本章是对一种需求拉动型经济增长理论——斯拉法超级乘数的理论扩展与经验应用。斯拉法在《用商品生产商品——经济理论批判绪论》一书中并没有对经济增长问题进行系统的论述，所谓斯拉法超级乘数模型是由塞拉诺（Serrano，1995）提出，随后塞拉诺等又做了进一步的发展（Freitas and Serrano，2015；Serrano and Freitas，2017；Serrano，Freitas and Bhering，2019）。塞拉诺将其乘数模型冠以"斯拉法（Sraffian）"的名字，是因为该模型坚持了斯拉法复兴的古典经济学的剩余分析传统和收入分配理论。他在斯拉法复兴的古典理论基础上，重新引入了自主性需求，构建了超级乘数模型。斯拉法超级乘数模型现在已经成为非主流经济增长理论的一个重要流派，其对自主性需求的强调也获得了其他一些非主流理论的支持，如新卡莱斯基增长与分配理论（Allain，2015；Lavoie，2016），在经验研究方面也取得了很多的进展。

在分析方法上，与斯拉法的多部门分析方法截然不同，斯拉法超级乘数采用的是总量分析方法，虽然总量模型性质较为简单且易于进行经验研究，但斯拉法超级乘数模型也不能避免由于加总所产生的一些问题，同时更忽略了经济中重要的结构性因素。对于一些具有明显结构性特征（如产业、区域、城乡等发展不平衡）的经济体而言，总量斯拉法超级乘数模型缺乏足够的适用性，因此构建一种结构化的斯拉法超级乘数模型是非常必要的。在对斯拉法超级乘数模型进行结构化的扩展和应用前，本章首先对非主流经济增长理论的发展脉络做一个简单回顾。

第一节 经济增长理论的非主流路径

从经济思想的发展历程来看，经济增长理论历经了几次起伏。经济增长与收入分配是古典经济理论研究的重要课题，如李嘉图详细研究了经济增长过程中收入分配关系的演变趋势。在古典经济学之后，马克思在《资本论》中系统分析了资本积累、利润率趋势下降、资本主义经济危机的必然性等重要问题，阐明了资本主义发展过程中不可调和的内在矛盾。然而在边际革命之后，增长理论被新古典理论边缘化，研究的重心转移到了对稀缺资源的配置。直到凯恩斯革命之后，增长理论因哈罗德和多马试图将凯恩斯的有效需求理论扩展到长期而再次受到关注。现代新古典经济理论的发展，概括来说在经历了索罗引入新古典生产函数解决哈罗德的不稳定，拉姆齐模型的再发现解决了消费内生化和动态积累的无效率之后再次进入停滞状态，直到20世纪80年代被所谓的"新增长理论"唤醒。[①]随着内生增长理论、统一增长理论的提出与构建，以及2018年罗默因经济增长理论的贡献获得诺贝尔经济学奖，经济增长理论再次成为新古典理论一个重要的研究课题。

新古典理论虽然长期占据着经济研究的主流地位，但其核心理论存在着严重逻辑缺陷。20世纪70年代的"资本争论"从资本度量、技术再转轨等角度摧毁了传统新古典理论的"资本"这一核心概念以及建立在其基

---

① 新古典经济增长理论发展简史，见巴罗、萨拉伊马丁. 经济增长 [M]. 第二版，格致出版社，2010：13-17.

础上的收入分配理论、价值理论等（Petri，2004）。新古典理论的现代发展不仅不能回避这些逻辑问题，更因为其采用了极短期分析方法使得新古典纯理论研究同现实经济分析严重脱节。①

作为新古典理论研究的重要领域，新古典经济增长理论一方面同样无法避免新古典的基本逻辑缺陷，另一方面也存在一些自身的特殊问题。首先，由于坚持萨伊定律（即储蓄决定投资），新古典增长理论片面强调供给对经济增长的影响，将增长的原因完全归结为供给侧的要素投入增加与技术进步（不论技术进步是外生给定还是内生决定的），而否认有效需求对经济增长的拉动作用，这明显与经验事实不符（郭克莎、杨阔，2017），如杰拉迪和帕里博尼（Girardi and Pariboni，2016）对美国经济的经验研究显示，自主性需求在美国的经济增长中发挥了重要的作用。其次，萨伊定律成立机制依赖于充分就业的假定，但理论与经验都表明经济在长期内并不会趋近于新古典经济增长理论预测的自然失业率（NAIRU）水平（Petri，2003），因此新古典增长理论的重要前提——萨伊定律是难以成立的。最后，在内生增长理论中，收入分配关系的决定机制在根本上是与新古典的边际分析方法不相容的。为了在模型内部解释经济增长，必须通过一些方式（如引入人力资本、创新活动）使得资本的报酬非递减，但此时利率将完全取决于生产而不再由资本的供求决定（Kurz and Salvadori，1999），这实际上是抛弃了新古典要素供求决定收入分配关系的机制而回归到了古典的收入分配决定理论。从这个角度来说，现代新古典的内生增长理论只是采用了新古典分析形式的古典经济思想的再现。以上问题显示，新古典经济增长理论不仅非常片面，甚至在很大程度上是错误的。

---

① 现代新古典理论为了使得理论逻辑更加一致而不得不依赖于极短期的分析方法，研究的对象由传统的长期均衡转变为现代的短期均衡或跨期均衡，这种转变使得现代新古典理论难以被用于解释现实经济问题。对于新古典均衡理论和分析方法发生的转变以及由此产生的问题，见Garegnani. On a change in the notion of equilibrium in recent work on value and distribution: A comment on Samuelson, in Brown M., Sato K. and Zarembka P. (eds.), Essays in Modern Capital Theory [C]. Amsterdam: North-Holland, 1976: 25–45.

与新古典理论不同，非主流或异端理论对经济增长问题的研究形成了另一条路径。对非主流理论学界尚未形成统一的界定。最新的《帕尔格雷夫经济学大辞典》中将异端经济学解释为在多方面替代主流经济学的经济理论和经济学家群体，是由对主流理论持有不敬态度且拒绝主流理论的经济学家发展的经济理论的多维度概念。[①] 劳森（Lawson，2006，2013）和斯莱德-卡法雷尔（Slade-Caffarel，2019）等从本体论角度，以对自然和现实结构认识的本质差异来区分主流经济理论和非主流经济理论。李（Lee，2009）认为非主流经济学是一门社会供应过程的科学。拉沃（Lavoie，2014）则从认识论/本体论、理性、方法、经济核心、政治核心五个维度，将非主流经济理论总结为现实主义、环境一致性理性、整体和有机主义、生产与增长、调节市场等五方面特征。杜特（Dutt，2017）则分别从认知论、本体论和规范三个维度，突出强调非主流理论在认识经济现实、描述经济现实和衡量对社会的影响等方面与主流经济理论存在的显著不同。在本章中，非主流理论是指相对于新古典理论而言的替代性理论体系，尽管非主流理论包含不同的流派，在某些政策建议方面可能与主流理论相近，但非主流理论在理论基础、分析逻辑、方法论等方面与主流理论存在根本区别。概括地说，非主流理论往往以生产和再生产、有限理性、阶级和阶级关系作为研究的基础，采用多元化的方法论，分析积累和经济动态发展过程中的结构转变及其背后的经济关系、阶级权力之间的相互关系和相互影响。从经济增长理论的角度来说，与坚持萨伊定律的新古典理论不同，非主流理论往往坚持卡尔多（Kaldor）提出的凯恩斯假定，即在长期内投资决定储蓄而非相反（Kaldor，1955–1956），从而认为长期经济增长仍然是需求拉动的。当然，供给侧与需求侧的因素难以完全割裂开来，新古典理论虽然也承认需求对经济增长具有重要的作用，如索罗（Solow，2005）在《经济增长手册》中指出，新古典经济增长理论是关于潜在

---

① Lee. Heterodox Economics [M]. UK：Palgrave Macmillan, Macmillan Publishers Ltd, 2018.

产出演变的理论，而总产出被认为仅受供给侧而不受需求侧短缺限制，需求因素仅存在于研究短期波动问题，但他认为短期波动影响长期经济增长，因此需要一种能够统一长期增长趋势和短期波动的宏观理论，需要将供给与需求综合考虑。但对经济增长源泉的理论解释却没有且无法给需求因素留有余地，原因在于新古典增长理论坚持萨伊定律，在长期内任何储蓄都会转化为投资，所以不会出现有效需求不足的问题。在新古典框架下，实际的经济增长率也自然会趋近于潜在经济增长率，对于经济增长的理论研究自然仅关注决定潜在经济增长率的因素，即供给侧的资本、劳动、技术在充分使用的状态下的投入量。相比之下，非主流经济增长理论之所以主要关注需求侧，是因为坚持凯恩斯假定，即投资会通过各种途径获得与之相匹配的储蓄量，但却并不意味着投资一定会吸收社会所有的储蓄，在长期仍然会面临有效需求不足的问题。并且，非主流理论普遍认为，给定的要素投入量所生产的产出水平是处于一个弹性的范围，在长期有效需求的拉动下，供给侧会产生一个与需求相匹配的产出水平。因此，非主流经济增长理论同样不否认供给侧对经济增长的重要作用，但决定经济增长源泉的是需求侧因素，由供给侧决定的潜在产出会向由有效需求决定的实际产出水平调整。

作为一种重要的需求拉动型经济增长理论，斯拉法超级乘数模型相对于其他需求拉动型经济增长理论而言具有很多优势。该理论既能够解决哈罗德不稳定性问题，也能够坚持凯恩斯假定并与古典收入分配理论相容，在均衡时产能利用率水平也处于正常状态。

第二节 斯拉法超级乘数模型概述

一、斯拉法超级乘数的基本模型

塞拉诺认为，多数经济学家都忽略了凯恩斯的自主性需求因素。自主需求与引致性需求相对应,是指不是由收入直接引致且不产生产能的需求,包括自主性消费、政府支出、出口等。塞拉诺将社会分为工人和资本家两个阶级,同时假设只有资本家进行储蓄,工人将所有工资用于消费。最终需求（AD）由三部分组成：引致性消费（C）、引致性投资（I）和自主性需求（Z），即：

$$AD = C + I + Z \qquad (7-1)$$

其中,引致性消费由工人的工资决定,如果用 w 表示工资率, l 表示单位 GDP 就业人数, Y 表示 GDP 总量（或总净产出）,那么消费 $C = wlY$。对于引致性投资,与新卡莱斯基学者不同,塞拉诺和其他斯拉法学者认为引致性投资主要取决于（预期）产出。具体来说,如果用 v_n 表示正常资本产出比例, g_e 表示预期经济增长率,那么投资 $I = v_n g_e Y$。假定资本家的预期经济增长率等于自主需求增长率 g_z 在均衡状态下,供给等于有效需求,也即 $Y = AD$。因此,总净产出与自主性需求的关系为：

$$Y = \frac{1}{(1-wl) - v_n g_z} Z \qquad (7-2)$$

式（7-2）中自主性需求（Z）前的系数即为超级乘数,是考虑到了凯恩斯乘数和加速数的超级乘数。①在假设自主性需求增长不是过高的情况下, $0 < wl + v_n g_z < 1$, 超级乘数大于 1。

斯拉法超级乘数模型解决了哈罗德不稳定性。首先,塞拉诺定义了新的有保证的增长率： $g_w = \frac{S/Y}{v_n}$, 其中 S 为储蓄总额。塞拉诺与哈罗德定义的有保障的增长率的区别在于,后者的分子是边际储蓄倾向,而前者的分子是平均储蓄倾向,在不存在自主性需求的情况下,两者是相等的。但在存在自主性需求的情况下,边际储蓄倾向是平均储蓄倾向的上限（Serra-

---

① 当不存在引致性投资时,也即投资全部为自主投资,那么 Z 即为投资, $v_n g_z$ 消失在上述公式的分母中,超级乘数就变成了凯恩斯乘数。

no, Freitas and Bhering, 2019)。其次, 一旦实际增长率超过有保证的增长率, 也即 $g_e = g_z > g_w$, 那么通过超级乘数的作用, 总净产出 Y 也会增长, 且增长幅度要超过 Z, 因此 Z/Y 下降。由于 C/Y 不受影响, 因此 I/Y 会上升。凯恩斯假定会使得储蓄占 GDP 的比重上升, 即 S/Y 上升, 从而使得新的有保障的增长率 g_w 上升并趋向于新的自主性需求增长率 g_z。因此, 斯拉法超级乘数重新定义了"多重"而非唯一的有保障的增长率, 并通过有保障的经济增长率向自主性需求增长率调整来解决哈罗德不稳定性。①

在斯拉法超级乘数中, 投资是完全引致即内生的, 凯恩斯假定的成立机制是通过总净产出的增加来实现的。具体来看, 储蓄 $S = Y - C - Z = (1 - wl)Y - Z = sY - Z = I$, 其中 s 为边际储蓄倾向或利润占总净产出的份额, 故储蓄等于利润与自主性需求的差额, 即引致性投资。在自主性需求增长率稳定的情况下, 结合式 (7-2) 可以发现导致引致性投资发生任何变化的因素都会通过超级乘数的作用使得总净产出 Y 发生变化, 进而获得与投资相匹配的储蓄额。

斯拉法超级乘数的创新和核心内容是重新发现和引入自主性需求。一旦认为存在自主性需求, 该模型获得的种种结论实际上并不意外。从式 (7-2) 就可以发现, 当 Z 的增长率外生给定且超级乘数保持稳定时, GDP、投资、储蓄、消费的增长率在长期内必然趋向于外生的自主性需求增长率 g_z。

二、斯拉法超级乘数模型存在的问题

尽管斯拉法超级乘数模型能够解决哈罗德不稳定性, 且结合了古典理

---

① 从形式上来看, 索罗以新古典性状良好的生产函数来替代哈罗德模型中的 v_n 但保留了不变的边际(平均)储蓄倾向, 相比之下, 塞拉诺则引入自主性需求从而改变哈罗德模型中的平均储蓄倾向, 而保留了 v_n。除了形式上的差别, 两者的理论基础也完全不同, 塞拉诺是基于斯拉法复兴的古典理论, 而索罗则是基于典型的新古典理论。

论与凯恩斯的有效需求理论,在经验研究上也获得了一些支持,①但斯拉法超级乘数模型仍存在一些未解决的问题。

首先,在斯拉法超级乘数模型中,经济增长率是外生给定的而非内生决定。在经济增长的决定因素方面,斯拉法超级乘数模型并没有在模型内部对经济增长产生的原因进行解释,而仅将经济增长归结为外生给定的自主性需求增长率。这与哈罗德模型和新卡莱斯基模型截然不同,但却与索罗模型类似,因此斯拉法超级乘数模型没有从根本上解释经济增长。

其次,斯拉法超级乘数的存在依赖于自主性需求的存在和稳定性,但现实中这些条件难以成立。在斯拉法超级乘数中,被认为是自主性需求的几个因素:出口、政府支出、个人信贷消费、住房投资等,这些因素在长期内都是无法保持相对稳定的(Skott,2019)。一旦自主性需求不稳定,那么斯拉法超级乘数本身也会发生变化,甚至是不确定的。同时,尽管出口不是国内收入引致的,但从长期来看,政府支出、个人信贷消费、住房投资等都是难以独立于收入的,这些因素是否真正具有自主性同样是值得怀疑的。

再次,斯拉法超级乘数理论对正常产能利用率的分析过于简化。在斯拉法超级乘数的研究中,正常产能利用率通常被看作一个外生给定的或者是独立于经济增长的数值。如奇科内(Ciccone)等认为正常产能利用率是企业根据按照平均的有效需求所采用的产能利用率水平(Ciccone,1986;Cesaratto,2015)。然而,正常产能利用率是古典经济理论关于"正常位置"分析的一部分,从这个角度来说,正常产能利用率是由成本最小化的生产技术所决定的,一般来说正常产能利用率是不能独立于收入分配关系的(Kurz,1986)。同时,只有在存在固定资本和流动资本区别的情况下,产能利用率才能发生变化,而在存在固定资本的情况下,成本最小

---

① Girardi and Pariboni. Long-run effective demand in the US economy: An empirical test of the Sraffian supermultiplier model [J]. Review of Political Economy, 2016, 28 (4): 523-544.

化的生产技术和正常产能利用率一般来说是不能独立于有效需求结构和经济增长率的。①一旦经济增长率会影响正常产能利用率，那么对于实际产能利用率向正常产能利用率调整的过程就会更加复杂。

最后，斯拉法超级乘数模型缺乏结构性的分析框架。斯拉法超级乘数采用的总量方法虽然形式简单，也能够反映总体经济增长的一些特点，但是现实中存在不同的部门、群体、地区等，总量方面难以反映这些结构性特征。特别是，对于生产力不平衡的经济体而言，结构问题至关重要。例如，相同单位的自主性需求变化，在不同的经济结构下产生的影响是不同，总量方法却无法反映这种差异。因此，构建一个结构化的斯拉法超级乘数模型十分必要。

第三节 结构化超级乘数及其性质

一、结构化超级乘数模型的构建

本节将构建一个结构化的超级乘数模型。假设经济中存在 n 种商品，每一种商品可以用唯一的规模报酬不变的生产方法或生产过程来生产，经济中不存在联合生产。令 A 表示直接消耗系数矩阵，其元素 a_{ij}（非负）表示生产单位 i 产品所消耗的 j 产品的数量。l 为劳动投入向量，其元素 l_i（非负）表示生产单位 i 产品所消耗的劳动量。(A, l) 反映了整体经济的生产技术。为了简化分析，假设所有商品都是基本商品且经济是可行的，所有

---

① 对于斯拉法体系下固定资本模型的论述，见斯拉法. 用商品生产商品——经济理论批判绪论 [M]. 巫宝三译，北京：商务印书馆，1991：66-76；Kurz and Salvadori. Theory of Production: A Long-Period Analysis [M]. Cambridge: Cambridge University Press, 1995: Chapter 7, Chapter 9。对于联合使用机器的固定资本模型，见 Salvadori. Fixed capital within the Sraffa framework [J]. Journal of Economics, 1998, 48 (1): 1-17.

商品的生产都直接消耗劳动,这意味着 $l_i > 0$ 且 A 是非负不可分解矩阵。[①]

令 w 表示工资率,r 表示利润率,p 表示价格向量。在自由竞争的条件下有:

$$p = (1 + r)Ap + wl \qquad (7-3)$$

在给定一组计价物 d 和某一个收入分配变量后,商品价格和另一收入分配变量可以同时被内生决定。[②]假设利润率 r 外生给定,根据式(7-3)有:

$$p = r(I-A)^{-1}Ap + w(I-A)^{-1}l = rBp + w\Lambda \qquad (7-4)$$

其中,$B = (I-A)^{-1}A$ 为完全消耗系数矩阵,$\Lambda = (I-A)^{-1}l$ 为完全劳动消耗系数矩阵。在非联合生产的情况下,B 和 Λ 为纵向一体化部门的商品消耗系数矩阵和劳动消耗系数矩阵(Pasinetti,1973)。

在数量体系方面,令 x 表示总产出向量,y 表示净产出向量,c 表示引致性消费向量,i 表示引致性投资向量,z 表示自主性需求向量,则有:

$$x^T = x^T A + y^T = x^T A + c^T + i^T + z^T \qquad (7-5)$$

假设引致性消费主要来源于工资收入,工资收入群体的储蓄率为 s_w,$0 \leqslant s_w \leqslant 1$,同时该群体按照不变的消费结构 c_w 进行消费,故有:

$$c = (1 - s_w)\frac{wx^T l}{c_w^T p}c_w \qquad (7-6)$$

引致性投资取决于产出的预期增长,为了简化分析,假设经济处于平

---

① 基本商品与非基本商品的区别是由斯拉法提出,见斯拉法. 用商品生产商品——经济理论批判绪论 [M],巫宝三译,北京:商务印书馆,1991。对于生产技术的数理表述及其性质研究,见 Kurz and Salvadori. Theory of Production: A Long-Period Analysis [M]. Cambridge: Cambridge University Press,1995.

② 斯拉法. 用商品生产商品——经济理论批判绪论 [M]. 巫宝三译,北京:商务印书馆,1991;Pasinetti. Lectures on the Theory of Production [M]. Columbia University Press,1977;Kurz and Salvadori (1995): Theory of Production: A Long-Period Analysis [M]. Cambridge: Cambridge University Press,1995.

衡增长路径且各部门的预期经济增长率均为 g^e，则有：

$$i^T = g^e x^T A \qquad (7-7)$$

因此式（7-5）可以进一步改写为：

$$x^T = x^T A + (1-s_w)\frac{wx^T l}{c_w^T p}c_w^T + g^e x^T A + z^T \qquad (7-8)$$

假设所有部门产品的自主性需求增长率 g^z 相同且在一定时期内保持稳定，则有 $g^e = g^z$。结合式（7-5）和式（7-8），整理后有：

$$x^T = z^T\left[I - (1-s_w)\frac{wl\,c_w^T}{c_w^T p} - (1+g^z)A\right]^{-1} \equiv z^T K \qquad (7-9)$$

$$y^T = z^T\left[I - (1-s_w)\frac{w\Lambda\,c_w^T}{c_w^T p} - g^z B\right]^{-1} \equiv z^T M \qquad (7-10)$$

K 与 M 即为自主性需求对总产出和最终需求的结构化乘数矩阵。

二、结构化超级乘数的性质

从式（7-9）和式（7-10）可以发现，结构化超级乘数取决于下面五方面因素：生产技术（A, l）；收入分配关系，即利润率和工资率（w 和 r）；储蓄倾向（s_w）；消费结构（c_w）；自主性需求增长率（g^z）。因此，同总量情况相比，结构视角下自主性需求对整体经济的乘数效应受到诸多因素影响，乘数效应相对于总量乘数而言更为复杂。特别的，这些影响因素可以共同发生作用，最终可能导致乘数效应不存在，或对不同经济变量（如 GDP、就业等）的乘数效应相互冲突。也就是说，自主性需求通过结构化超级乘数对本国 GDP、就业、劳动报酬等产生的总量影响可能不存在，或者对各变量的乘数效应相互冲突。

为了更好地说明结构化超级乘数的性质，本节以两种商品为例展开分析。具体地，自主性需求 z 对整体经济的 GDP 乘数效应可以表示为：

$$Y = y^T p = z^T M p \qquad (7-11)$$

总就业效应可以表示为：

$$L = y^T \Lambda = z^T M \Lambda \qquad (7-12)$$

令 Z 表示自主性需求总量，即：

$$Z = z^T p \qquad (7-13)$$

以出口作为自主性需求为例，假设用于最终需求的出口向量为 $z = (z_1, z_2)^T$，对应的出口总量为 $\bar{Z} = p_1 z_1 + p_2 z_2$。如图 7.1 所示，出口总量可以用商品空间的线段 AB 表示。当出口总量保持不变的情况下，出口的两种商品的实物量可以沿线段 AB 移动，换句话说，线段 AB 表示"等出口总量线"。当出口向量为 $z = (z_1, z_2)^T$ 时，在结构化超级乘数的作用下（即式（7-10）），z 对应的净产出向量为 $y = (y_1, y_2)^T$，此时对应的总收入或 GDP 为 $\bar{Y} = p_1 y_1 + p_2 y_2$，假设在图 7.1 中用线段 CD 表示。同理，总就业量为 $\bar{L} = \lambda_1 y_1 + \lambda_2 y_2$，假设在图 7.1 中用线段 EF 表示。一般来说，p 与 Λ 不成比例，也即 $p \neq m\Lambda$，其中 m 为正的标量，此时线段 CD 与 EF 相交。只有在 $Al = kl$（k 为矩阵 A 的弗罗贝尼乌斯根）或利润率 $r = 0$ 的情况下，p 与 Λ 成比例，即 $p = m\Lambda$，此时线段 CD 与 EF 平行。

当出口总量（$\bar{Z}$）不变而结构（z）发生变化时，也即出口向量 z 沿着线段 AB 移动时，例如由 $(z_1, z_2)^T$ 移动到 $(z_1', z_2')^T$，净产出向量 y（就业向量）一般不沿着线段 CD（EF）移动，而是可以向任何方向移动，移动的结果取决于结构化超级乘数矩阵 M 和 z 的变化情况。以 GDP 变化为例，假设随着 $(z_1, z_2)^T$ 移动到 $(z_1', z_2')^T$，在结构化超级乘数的作用下 $y = (y_1, y_2)^T$ 移动到 $(y_1', y_2')^T$，则对应的 GDP 水平 $\bar{Y}'$（线段 RS）相对于 $\bar{Y}$ 出现了下降。或者，如果在结构化超级乘数的作用下 $y = (y_1, y_2)^T$ 移动到 $(y_1'', y_2'')^T$，则对应的 GDP 水平 $\bar{Y}''$（线段 GH）相对于 $\bar{Y}$ 出现了上升。总就业量变化的情况与此类似。因此，在结构视角下，即使出口总量不变但其结构发生变化，仍然可能导致 GDP、总就业量发生变化，这一点不同于总量模型。同时，一般而言线段 CD 与 EF 不平行，因此出口结构变动时 GDP、总就业量变化方向可能一致。

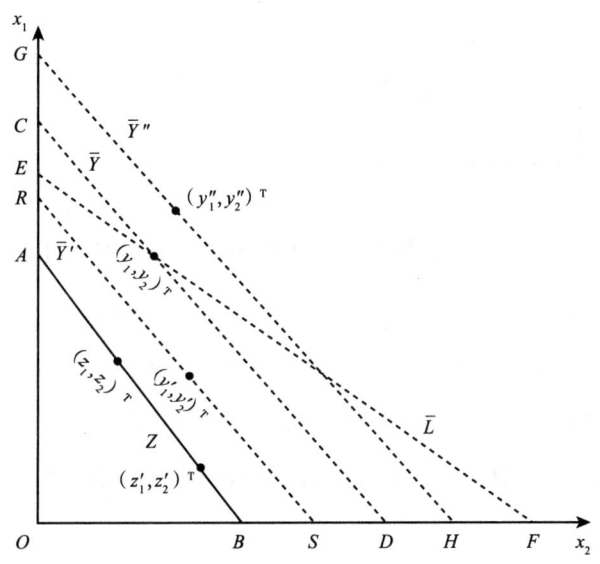

图 7.1　自主性需求总量与 GDP 和总就业量的关系

此外，在自主性需求总量发生变化的情况下，GDP 和总就业量变化同样可能会出现与总量模型不同的结果。仍以出口为例，假设出口总量由 $\bar{Z}_1$ 上升到 $\bar{Z}_2$，如图 7.2 所示的情形，在结构化超级乘数的作用下，GDP 由 $\bar{Y}_1$ 变化为 $\bar{Y}_2$，总就业量由 $\bar{L}_1$ 变化为 $\bar{L}_2$，但 GDP 和总就业的变动方向并不一致：GDP 上升但总就业量下降。与此类似的，出口总量上升也可能出现 GDP 下降、总就业量上升的情形。当然，GDP 和总就业变化不一致的情况不会发生在 $z_2 > z_1$ 的情况下。

本节的分析没有考虑到技术选择与收入分配变化问题。当经济中某一

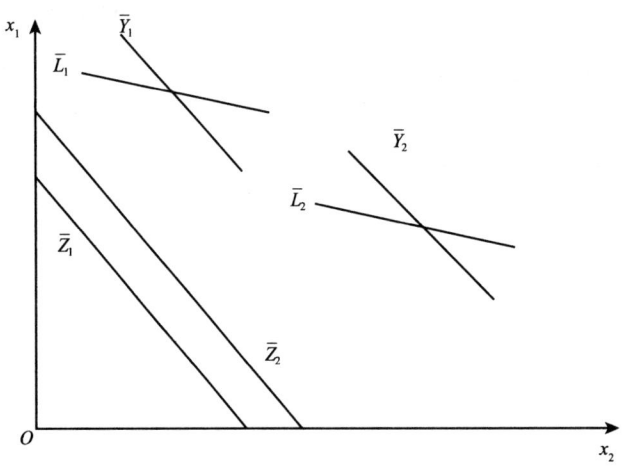

图 7.2　自主性需求总量变动对 GDP、总就业的影响

个或几个行业存在多种生产技术可供选择时，如果收入分配关系发生变动，那么整体的生产技术 (A,l) 通常也会发生变化，结构化超级乘数也随之变动。此时自主性需求总量的变动对整体经济的 GDP、总就业的影响会更加复杂，其结果同样可能会与总量模型预测的结果相反。

第四节　结构化超级乘数的应用

本节利用我国投入产出数据，对构建新发展格局下，坚持扩大内需这一战略基点的影响进行研究，主要试图回答扩大内需能否替代外需对经济增长的拉动效应，以及可能出现的一些问题。

如果利用上一节的理论分析，在图 7.1 中，如果用 $(z_1,z_2)^T$ 表示外需（出口），$(z_1',z_2')^T$ 表示内需（自主性消费或自主性投资），那么可以发现此时内需总量和外需总量相同，但是在结构化超级乘数的作用下，内需和外需对经济增长的拉动效应却不同：如果内需 $(z_1',z_2')^T$ 对应的净产出向量为 $(y_1',y_2')^T$，此时等量的内需扩大不能弥补外需下降对经济总量增长的影响，

如果内需 $(z_1', z_2')^T$ 对应的净产出向量为 $(y_1'', y_2'')^T$，此时等量内需扩大可以完全替代外需下降对经济增长的影响，甚至可以实现更高速的经济增长。

同样，在图 7.2 中，如果以 $\bar{Z}_1$ 表示外需（出口），以 $\bar{Z}_2$ 表示内需（自主性消费或自主性投资），则此时内需扩大，甚至总量超过外需下降总量，虽然 GDP 上升但总就业量可能下降。当然，也可能出现其他情形，因此在理论上内需能否替代外需对经济增长、就业等变量的拉动效应，要取决于结构化超级乘数、内需结构和外需结构等多种因素。也就是说，在理论上，内需能否替代外需对经济增长的拉动效应在理论上是不确定的。本节利用中国投入产出数据，在经验上分析这一问题。

考虑到数据上的可行性，本节的经验分析需要对上一节获得的结构化超级乘数模型做一些简化。首先，投入产出表中消费仅按农村居民和城市居民进行区分，而没有按照收入群体进行区分，所以本章不区分农村居民和城市居民，同时假设全部居民消费来源于工资性收入，利润收入不进行消费，即 $s_r = 1$。其次，在投入产出表中以居民消费结构 c_w 为计价物，即令 $c_w^T p = 1$。再次，以全社会平均的消费（储蓄）倾向来确定 s_w，即 $1 - s_w$ 等于总居民消费额与总劳动报酬额的比值。最后，假设居民消费和投资（固定资本形成）为完全引致性消费与引致性投资，其他最终需求部分为自主性需求，同时为了简化分析，自主性需求增长率 g^z 按照总量增长率计算。在本节简化的假设条件基础上，结构化超级乘数可以简化为：

$$M = [I - (1 - s_w)w\Lambda c_w^T - g^z B]^{-1} \qquad (7-14)$$

基于国家统计局公布的中国投入产出表，本节利用式（7-14）计算了我国不同时期结构化超级乘数矩阵，并进一步对扩大内需的影响进行了经验研究。结果表明：

第一，从结构化超级乘数本身来看，农业、消费性的服务业和制造业对整个经济 GDP 的拉动效应较大。为了比较不同部门的影响，本节将结构化超级乘数矩阵的列进行加总，其含义是每个部门增加 1 单位自主性需求对 GDP 的影响，计算结果显示在表 7.1 中。从表 7.1 可以发现，以 2018 年为例，农林牧渔产品和服务、公共管理、社会保障和社会组织、纺织品、纺织服装鞋帽皮革羽绒及其制品等行业的影响相对较大，其中农林牧渔产品和服务在各时期所有部门中影响都最大，这些行业大体集中在消费领域。石油、炼焦产品和核燃料加工品、石油和天然气开采产品、房地产等行业的影响相对较低。

表 7.1　　每部门增加一单位自主性需求对 GDP 的影响

行业	2018 年	2017 年	2015 年
农林牧渔产品和服务	3.50	3.34	3.24
煤炭采选产品	2.43	2.30	2.37
石油和天然气开采产品	1.82	1.83	1.95
金属矿采选产品	2.23	2.13	2.18
非金属矿和其他矿采选产品	2.55	2.43	2.27
食品和烟草	3.01	2.83	2.67
纺织品	3.08	2.87	2.69
纺织服装鞋帽皮革羽绒及其制品	3.04	2.81	2.60
木材加工品和家具	2.88	2.67	2.50
造纸印刷和文教体育用品	2.69	2.51	2.41
石油、炼焦产品和核燃料加工品	1.95	1.88	1.97
化学产品	2.51	2.36	2.33
非金属矿物制品	2.44	2.31	2.26
金属冶炼和压延加工品	2.32	2.19	2.23
金属制品	2.54	2.38	2.27
通用设备	2.59	2.43	2.30
专用设备	2.70	2.48	2.31
交通运输设备	2.55	2.33	2.27
电气机械和器材	2.61	2.42	2.29
通信设备、计算机和其他电子设备	2.92	2.64	2.43
仪器仪表	2.67	2.46	2.34
其他制造产品和废品废料	2.04	1.92	2.46

续表

行业	2018年	2017年	2015年
金属制品、机械和设备修理服务	2.73	2.56	2.24
电力、热力的生产和供应	2.35	2.22	2.42
燃气生产和供应	2.16	2.10	2.12
水的生产和供应	2.46	2.35	2.13
建筑	2.74	2.53	2.29
批发和零售	2.42	2.29	2.42
交通运输、仓储和邮政	2.50	2.34	2.14
住宿和餐饮	2.90	2.71	2.42
信息传输、软件和信息技术服务	2.39	2.21	2.77
金融	2.47	2.30	2.15
房地产	1.80	1.67	1.94
租赁和商务服务	2.92	2.73	1.60
研究和试验发展	2.84	2.65	2.41
综合技术服务	2.77	2.59	2.48
水利、环境和公共设施管理	2.66	2.49	2.64
居民服务、修理和其他服务	2.94	2.78	2.62
教育	2.97	2.84	3.04
卫生和社会工作	2.95	2.77	2.78
文化、体育和娱乐	2.81	2.65	2.52
公共管理、社会保障和社会组织	3.13	2.98	2.98

农林牧渔产品和服务等行业的影响较大，主要原因在于，一方面这些行业的劳动报酬占总产出比重较高（如农林牧渔产品和服务业），当该行业增加1单位最终产品需求后能够带来较多的劳动报酬增加，从而进一步形成更多的消费需求以及乘数效应；另一方面，这些行业一般在居民消费结构中所占比重相对较大，当收入增加后，这些部门增加的消费品相对较多，从而形成较大的乘数效应。

第二，在总量上，内需完全可以替代外需对经济增长的长期拉动效应。为了回答内需能否在长期替代外需这一问题，本节假设内需结构和外需结构保持相对稳定，在此基础上计算了内需和外需均增加 1 单位带来的 GDP 增长量。具体的，以消费和出口为例，假设在消费结构和出口结构保持稳定的情况下，用 z_c 表示消费结构，z_e 表示出口结构，那么 1 单位消费和出口对 GDP 的影响可以用 $z_c^T M$ 和 $z_e^T M$ 来计算，表 7.2 给出了各时期的计算结果。①

表7.2　增加一单位消费、投资和出口对各部门最终需求和 GDP 的影响

行业	2018 年			2017 年			2015 年		
	消费	投资	出口	消费	投资	出口	消费	投资	出口
农林牧渔产品和服务	0.176	0.104	0.110	0.171	0.096	0.102	0.140	0.084	0.082
煤炭采选产品	0.005	0.006	0.006	0.004	0.004	0.004	0.004	0.003	0.003
石油和天然气开采产品	0.006	0.007	0.008	0.004	0.004	0.005	0.002	0.002	0.003
金属矿采选产品	0.002	0.005	0.005	0.001	0.003	0.004	0.001	0.002	0.002
非金属矿和其他矿采选产品	0.001	0.003	0.003	0.001	0.002	0.002	0.001	0.001	0.002
食品和烟草	0.302	0.167	0.191	0.358	0.186	0.214	0.299	0.152	0.174
纺织品	0.012	0.008	0.050	0.011	0.007	0.048	0.013	0.008	0.048
纺织服装鞋帽皮革羽绒及其制品	0.065	0.036	0.107	0.075	0.039	0.116	0.097	0.049	0.126
木材加工品和家具	0.012	0.016	0.031	0.012	0.015	0.037	0.017	0.015	0.035
造纸印刷和文教体育用品	0.023	0.016	0.051	0.022	0.014	0.053	0.039	0.022	0.055
石油、炼焦产品和核燃料加工品	0.026	0.019	0.033	0.021	0.014	0.022	0.024	0.014	0.019
化学产品	0.078	0.056	0.139	0.071	0.046	0.124	0.073	0.044	0.118

① 表 7.2 计算的消费和投资在理论上是指自主性消费和自主性投资，此处可以理解为扩大内需（消费和投资）已经实现后带来的影响。

续表

行业	2018年			2017年			2015年		
	消费	投资	出口	消费	投资	出口	消费	投资	出口
非金属矿物制品	0.005	0.014	0.023	0.004	0.010	0.022	0.006	0.008	0.027
金属冶炼和压延加工品	0.009	0.023	0.051	0.006	0.016	0.043	0.005	0.011	0.043
金属制品	0.006	0.015	0.040	0.005	0.014	0.037	0.004	0.015	0.036
通用设备	0.004	0.046	0.056	0.003	0.038	0.053	0.003	0.053	0.052
专用设备	0.004	0.052	0.034	0.003	0.054	0.032	0.003	0.063	0.028
交通运输设备	0.065	0.124	0.075	0.073	0.130	0.077	0.090	0.138	0.086
电气机械和器材	0.025	0.035	0.102	0.023	0.036	0.099	0.040	0.050	0.108
通信设备、计算机和其他电子设备	0.043	0.058	0.270	0.041	0.050	0.263	0.045	0.041	0.241
仪器仪表	0.003	0.006	0.016	0.003	0.005	0.016	0.005	0.008	0.016
其他制造产品和废品废料	0.004	0.004	0.009	0.003	0.003	0.008	0.003	0.002	0.005
金属制品、机械和设备修理服务	0.000	0.001	0.003	0.000	0.000	0.003	0.000	0.001	0.001
电力、热力的生产和供应	0.040	0.029	0.029	0.025	0.018	0.019	0.000	0.000	0.000
燃气生产和供应	0.011	0.006	0.007	0.011	0.006	0.006	0.028	0.018	0.019
水的生产和供应	0.007	0.004	0.004	0.006	0.003	0.003	0.016	0.008	0.008
建筑	0.001	0.624	0.006	0.001	0.609	0.006	0.007	0.004	0.004
批发和零售	0.108	0.091	0.158	0.108	0.082	0.146	0.001	0.615	0.008
交通运输、仓储和邮政	0.107	0.077	0.118	0.111	0.073	0.113	0.108	0.080	0.175
住宿和餐饮	0.113	0.064	0.068	0.100	0.053	0.057	0.073	0.046	0.078
信息传输、软件和信息技术服务	0.065	0.087	0.051	0.051	0.083	0.042	0.085	0.044	0.048
金融	0.155	0.092	0.095	0.128	0.071	0.076	0.044	0.070	0.034
房地产	0.237	0.151	0.132	0.201	0.134	0.108	0.116	0.062	0.067
租赁和商务服务	0.050	0.034	0.056	0.042	0.026	0.044	0.208	0.138	0.107

续表

行业	2018年			2017年			2015年		
	消费	投资	出口	消费	投资	出口	消费	投资	出口
研究和试验发展	0.019	0.050	0.015	0.016	0.045	0.012	0.044	0.024	0.047
综合技术服务	0.037	0.027	0.021	0.032	0.022	0.022	0.056	0.033	0.032
水利、环境和公共设施管理	0.031	0.017	0.018	0.038	0.020	0.021	0.046	0.023	0.024
居民服务、修理和其他服务	0.076	0.042	0.042	0.078	0.041	0.042	0.063	0.032	0.033
教育	0.215	0.117	0.117	0.194	0.099	0.102	0.198	0.099	0.101
卫生和社会工作	0.211	0.114	0.115	0.224	0.115	0.119	0.226	0.113	0.116
文化、体育和娱乐	0.063	0.036	0.038	0.057	0.029	0.033	0.040	0.021	0.024
公共管理、社会保障和社会组织	0.359	0.194	0.196	0.294	0.151	0.156	0.273	0.137	0.140
合计	2.783	2.677	2.699	2.631	2.465	2.511	2.546	2.351	2.373

从表7.2可以发现，以2018年的计算结果为例，出口下降1单位会引起GDP下降2.699单位；相应的，消费提升1单位会引起GDP增加2.783单位，因此在总量上消费提升完全可以弥补等量出口下降对经济增长的长期影响。从2015~2018年计算结果的演变来看，总量乘数效应都在上升，但消费的总量乘数效应一直大于出口的总量乘数效应。这表明外需下降对我国经济增长的影响愈加显著，扩大内需不仅必要，并且内需更能稳定并促进经济增长。

第三，从总量上内需完全能够替代出口对经济增长的拉动效应，但在一定时期部分行业会出现结构性的供需不匹配。从表7.2的计算结果可以看出，即使总量都变动1单位，消费和出口对不同部门的乘数效应是不同的。以2018年为例，受出口拉动程度较大的部门分别为：通信设备、计算机和其他电子设备；公共管理、社会保障和社会组织；食品和烟草；批发和零售；化学产品。而受消费拉动程度较大的部门分别为公共管理、社保障和社会组织；食品和烟草；房地产；教育；卫生和社会工作。因此，如果消费结构和出口结构不发生变化，总量上消费能够替代出口对经济增长的影响，但不同部门却会出现一定的供需不匹配，特别是通信设备、计算机和其他电子设备行业会出现较大的需求缺口。这种结构性的供需不匹配需要一定的时间才能实现平衡，因此在稳定总量经济增长的同时，部分行业可能会面临一定的冲击。

第四，需要注重投资需求对生产体系和经济增长的长期影响。从表7.2显示的结果来看，1单位投资对GDP的拉动效应虽然为正，但要低于出口和消费。对于这一结果，需要从两个方面来看待：一方面，在总量上等量的投资无法弥补出口下降对经济增长的长期影响，从这个意义上来说在长期扩大内需更应该注重提升消费水平；但另一方面，表7.2计算的结果并不意味着可以忽视投资的作用，1单位投资对GDP的拉动效应相对较低，是因为投资品的结构相对集中在几个行业，因此相对于消费和出口而言，平均来看1单位投资影响的行业和经济总量较少。但是，投资对经济增长的拉动效应仍然不可忽视，原因在于：其一，投资更具有自主性，特别是政府可以通过政策直接刺激大规模投资，短期增加投资更易施行；其二，投资不仅直接对经济增长具有拉动效应，而且会对生产体系、分配关系产生影响，即会影响结构化超级乘数本身，这种影响在上面的计算中并未体现。因此，基于这些考虑，提高有效投资仍然是扩大内需需要注重的地方。

构建以国内大循环为主体、国内国际双循环相互促进的新发展格局是党针对我国国内外形势的变化，对我国长期经济发展作出的重大部署。构建新发展格局，需要牢牢抓住扩大内需这一战略基点。基于上文分析，本章认为扩大内需不仅可以有效弥补外需下降对经济增长的影响，而且在长期能够实现更高速的经济增长。扩大内需，除调整分配关系、改善投资环境、推动城镇化发展、继续推动供给侧结构性改革等一系列政策举措外，本章认为还需要注重以下三方面。

第一,有效扩大内需的同时需要调整生产体系,以实现供需动态平衡。从本章的分析可知,内需和外需对经济增长的拉动效应不仅体现在 GDP 总量变化,而且还会产生结构性的影响。扩大内需可能导致出现结构性的供需不平衡。因此需要合理引导企业投资和生产活动,避免部分行业以及整体国民经济出现大幅波动。

第二,促进消费升级以实现更高水平经济增长和发展。消费升级不仅直接影响消费结构,从而影响结构化超级乘数和自主性需求对经济增长的拉动效应;而且会进一步牵引供给结构发生转变。在供需动态平衡的过程中,收入分配关系也会不断调整,从而进一步创造新的消费需求,这一系统性的过程无疑会对经济增长产生深远的影响。

第三,提升有效投资,注意投资的系统性影响。投资不仅作为有效需求可以拉动经济增长,而且会对生产体系产生影响,并进一步影响分配关系、需求结构,这些都会导致结构化乘数发生变化。此外,投资同样会产生一种结构性的效应,一些部门在出现经济增长、技术提升的同时,另一些部门可能出现产能过剩,因此需要从系统性角度关注投资的长期影响。

参 考 文 献

[1] 巴罗，萨拉伊·马丁. 经济增长 [M]. 上海：格致出版社，2010.

[2] 郭克莎、杨阔. 长期经济增长的需求因素制约——政治经济学视角的增长理论与实践分析 [J]. 经济研究，2017，52（10）：4-20。

[3] 李嘉图. 政治经济学及赋税原理 [M]. 北京：商务印书馆，2013.

[4] 柳欣. 资本理论——价值、分配和增长理论 [M]. 西安：陕西人民出版社，1994.

[5] 马斯-科莱尔，温斯顿，格林. 微观经济理论 [M]. 北京：中国社会科学出版社，2001.

[6] 马歇尔. 经济学原理 [M]. 北京：商务印书馆，2005.

[7] 斯拉法. 用商品生产商品——经济理论批判绪论 [M]. 北京：商务印书馆，1991.

[8] 斯密. 国民财富的性质和原因的研究 [M]. 北京：商务印书馆，2016.

[9] 瓦尔拉斯. 纯粹经济学要义 [M]. 北京：商务印书馆，2011.

[10] 张凤林. 两个剑桥之争 [J]. 经济学动态，1986，5（6）：47-50.

[11] Allain, O. Tackling the instability of growth: A Kaleckian-Harrodian model with an autonomous expenditure component [J]. Cambridge Journal of

Economics, 2015, 39 (5): 1351 - 1371.

[12] Arrow, K. Alternative proof of the substitution theorem for Leontief models in the general case, in T. C. Koopmans (ed). Activity Analysis of Production and Allocation [C]. New York: John Wiley & Sons, 1951.

[13] Arrow, K. and Debreu, G. Existence of an Equilibrium for a competitive economy [J]. Econometrica, 1954, 22 (3): 265 - 290.

[14] Baldone, S. Fixed capital in Sraffa's theoretical scheme, in Pasinetti (ed). Essays on the Theory of Joint Production [C]. London: Macmillan, 1980.

[15] Bellino, E. Gravitation of market prices towards natural prices, in R. Ciccone, C. Gehrke, and G. Mongiovi (eds). Sraffa and Modern Economics [C]. London and New York: Routledge, 2011.

[16] Bidard, C. Prices, Reproduction and Scarcity [M]. Cambridge: Cambridge University Press, 2004.

[17] Bidard, C. The Dynamics of intensive cultivation [J]. Cambridge Journal of Economics, 2010, 34 (6): 1097 - 1104.

[18] Bidard, C. The Ricardian rent theory two centuries after [R]. EconomiX Working Papers, 2014.

[19] Bidard, C. On transferable machines [J]. Metroeconomica, 2016, 67 (3): 513 - 528.

[20] Bidard, C. and Erreygers, G. The corn-guano model [J]. Metroeconomica, 2001, 52 (2): 243 - 253.

[21] Bidard, C. and Erreygers, G. Further reflections on the corn-guano model [J]. Metroeconomica, 2001, 52 (2): 254 - 268.

[22] Bliss, C. J. Comment on Garegnani [J]. Review of Economic Studies, 1970, 37 (3): 437 - 438.

[23] Cesaratto, S. Neo-Kaleckian and Sraffian controversies on the theory of

accumulation [J]. Review of Political Economy, 2015, 27 (2): 154 – 182.

[24] Ciccone, R. Accumulation and capacity utilization: some critical considerations on Joan Robinson's theory of distribution [J]. Political Economy: Studies in the Surplus Approach, 1986, 2 (1): 17 – 36.

[25] D'Agata A. The existence and unicity of cost-minimizing systems in intensive rent theory [J]. Metroeconomica, 1983, 35 (1 – 2): 147 – 158.

[26] D'Agata, A. Freeing long-period prices from the uniform profit rate hypothesis: A general model of long-period positions [J]. Metroeconomica, 2018, 69 (4): 847 – 861.

[27] D'Agata, A. Normative (and Objective) analysis in Sraffa's system [J]. Metroeconomica, 2021, 72 (3): 635 – 648.

[28] Dorfman, R. Samuelson, P. and Solow, R. Linear Programming and Economic Analysis [M]. New York: McGraw-Hill, 1958.

[29] Dutt, A. K. Heterodox theories of economic growth and income distribution: A partial survey [J]. Journal of Economic Surveys, 2017, 31 (5): 1240 – 1271.

[30] Dvoskin, A. and Petri, F. Again on the relevance of reverse capital deepening and reswithing [J]. Metroeconomica, 2017, 68 (4): 625 – 659.

[31] Fratini, Saverio M. On the Second Stage of the Cambridge Capital Controversy [R]. Centro Sraffa Working Papers, 2018.

[32] Freitas, F. and Serrano, F. Growth rate and level effects, the adjustment of capacity to demand and the Sraffian supermultiplier [J]. Review of Political Economy, 2015, 27 (3): 258 – 281.

[33] Gale, D. The Theory of Linear Economic Models [M]. New York: McGraw-Hill, 1960.

[34] Garegnani, P. Switching of techniques [J]. The Quarterly Journal of Economics, 1966, 80 (4): 554 – 567.

[35] Garegnani, P. Heterogeneous capital, the production function and the theory of distribution [J]. Review of Economic Studies, 1970, 37 (3): 407-436.

[36] Garegnani, P. On a change in the notion of equilibrium in recent work on value and distribution, in M. Brown, K. Sato and P. Zarembka (eds). Essays in Modern Capital Theory [C]. Amsterdam: North-Holland, 1976.

[37] Garegnani, P. Quantity of capital, in Eatwell, J. L., M. Milgate and P. Newman (eds). Capital Theory [M]. London: Macmillan, 1990.

[38] Gehrke, C. The joint production method in the treatment of fixed capital: A comment on Moseley [J]. Review of Political Economy, 2011, 23 (2): 299-306.

[39] Girardi, D and Pariboni, R. Long-run effective demand in the US economy: An empirical test of the Sraffian supermultiplier model [J]. Review of Political Economy, 2016, 28 (4): 523-544.

[40] Hahn, F. Revival of political economy: The wrong Issues and the wrong argument [J]. Economic Record, 1975, 51 (3): 360-364.

[41] Hahn, F. The neo-Ricardians [J]. Cambridge Journal of Economics, 1982, 6 (4): 353-374.

[42] Han, Z. and Schefold, B. An empirical investigation of paradoxes: Reswitching and reverse capital deepening in capital theory [J]. Cambridge Journal of Economics, 2006, 30 (5): 737-765.

[43] Harcourt, G. Some Cambridge Controversies in the Theory of Capital [M]. Cambridge: Cambridge University Press, 1972.

[44] Hotelling, H. The economics of exhaustible resources [J]. Journal of Political Economy, 1931, 39 (2): 137-175.

[45] Huang, B. A Fixed capital model with transferable and jointly utilized machines in the Sraffa framework [J]. Metroeconomica, 2015, 66 (3):

426 – 450.

[46] Kaldor, N. Alternative theories of distribution [J]. Review of Economic Studies, 1955 – 1956, 23 (2): 83 – 100.

[47] Koopmans, T. C. Alternative proof of the substitution theorem for Leontief models in the case of three industries, in T. C. Koopmans (ed). Activity Analysis of Production and Allocation [C]. New York: John Wiley & Sons, 1951.

[48] Kurz, H. Rent theory in a multisectoral model [J]. Oxford Economic Papers, 1978, 30 (1): 16 – 37.

[49] Kurz, H. D. Normal positions and capital utilisation [J]. Political Economy: Studies in the Surplus Approach, 1986, 2 (1): 37 – 54.

[50] Kurz, H. D. Effective demand, employment and capital utilisation in the short run [J]. Cambridge Journal of Economics, 1990, 14 (2): 205 – 217

[51] Kurz, H. D. and Salvadori, N. Choice of technique in a model with fixed capital [J]. European Journal of Political Economy, 1994, 10 (3): 545 – 569.

[52] Kurz, H. D. and Salvadori, N. Theory of Production. A Long-Period Analysis [M]. Cambridge: Cambridge University Press, 1995.

[53] Kurz, H. D. and Salvadori, N. Exhaustible resources in a dynamic input-output model with "classical features" [J]. Economic Systems Research, 1997, 9 (3): 235 – 251.

[54] Kurz, H. D., Salvadori N. Endogenous growth models and the 'Classical' tradition, in Kurz, H. D., Salvadori, N. Understanding 'Classical' Economics. Studies in the Long-Period Theory [M]. London and New York: Routledge, 1998.

[55] Kurz, H. D. and Salvadori, N. Theories of "endogenous" growth in historical perspective, in Murat R. Sertel (eds). Economic Behaviour and De-

sign [C]. New York: St Martin's Press, 1999. Reprinted in Kurz and Salvadori. Classical Economics and Modern Theory: Studies in Long-period Analysis [M]. London and New York: Routledge, 2003.

[56] Kurz, H. D. and Salvadori, N. Economic dynamics in a simple model with exhaustible resources and a given real wage rate [J]. Structural Change and Economic Dynamics, 2000, 11 (1): 167 – 179.

[57] Kurz, H. D. and Salvadori, N. Classical economics and the problem of exhaustible resources [J]. Metroeconomica, 2001, 52 (2): 282 – 296.

[58] Kurz, H. D., Salvadori, N. The aggregate neoclassical theory of distribution and the concept of a given value of capital: A reply [J]. Structural Change and Economic Dynamics, 2001, 12 (4): 479 – 485.

[59] Kurz, H. D. and Salvadori, N. Fund-flow versus flow-flow in production theory: Reflections on Georgescu-Roegen's contribution [J]. Journal of Economic Behavior and Organization, 2003, 51 (1): 487 – 505.

[60] Kurz, H. D. and Salvadori, N. Ricardo on exhaustible resources, and the Hotelling rule, in I. Aiko and H. D. Kurz (eds). The History of Economic Theory: Festschrift in Honour of Takashi Negishi [C]. London: Routledge, 2009.

[61] Kurz, H. D. and Salvadori, N. Exhaustible resources: Rents, profits, royalties and prices, in V. Caspari (ed). The Evolution of Economic Theory: Essays in Honour of Bertram Schefold [C]. London: Routledge, 2011.

[62] Kurz, H. D. and Salvadori, N. The "classical" approach to exhaustible resources: Parrinello and the others, in Kurz, H. D. and Salvadori, N. Revisiting Classical Economics: Studies in Long-Period Analysis [M]. London and New York: Routledge, 2015.

[63] Lager, C. Treatment of fixed capital in the Sraffian framework and in the theory of input-output analysis [J]. Economic Systems Research, 1997, 9

(4): 357 – 374.

[64] Lager, C. The treatment of fixed capital in the long period [J]. Economic Systems Research, 2006, 18 (4): 411 – 426.

[65] Lavoie, M. Post-Keynesian Economics: New Foundations [M]. Cheltenham and Northampton: Edward Elgar, 2014.

[66] Lavoie, M. Convergence towards the normal rate of capacity utilization in neo-Kaleckian models: The role of non-capacity creating autonomous expenditures [J]. Metroeconomica, 2016, 67 (1): 172 – 201.

[67] Lawson, T. The nature of heterodox economics [J]. Cambridge Journal of Economics, 2006, 30 (4): 483 – 505.

[68] Lawson, T. What is this 'school' called neoclassical economics [J]. Cambridge Journal of Economics, 2013, 37 (5): 947 – 983.

[69] Lee, F. Heterodox economics, in Macmillan Publishers Ltd. (ed.). New Palgrave Dictionary of Economics [M]. 3rd edition. UK: Palgrave Macmillan, 2018.

[70] Levhari, D. A nonsubstitution theorem and switching of techniques [J]. The Quarterly Journal of Economics, 1965, 79 (1): 98 – 105.

[71] Levhari, D., Samuelson, P. A. The nonswitching theorem is false [J]. The Quarterly Journal of Economics, 1966, 80 (4): 518 – 519.

[72] Mainwaring, L. Value and Distribution in Capitalist Economies: An Introduction to Sraffian Economics [M]. Cambridge: Cambridge University Press, 1984.

[73] Miyao, T. A generalization of Sraffa's standard commodity and its complete characterization [J]. International Economic Review, 1977, 18 (1): 151 – 162.

[74] Montani, G. Scarce natural resources and income distribution [J]. Metroeconomica, 1975, 27 (1): 68 – 101.

[75] Morishima, M. Refutation of the nonswitching theorem [J]. The Quarterly Journal of Economics, 1966, 80 (4): 520-525.

[76] Moseley, F. Sraffa's interpretation of Marx's treatment of fixed capital [J]. Review of Political Economy, 2009, 21 (1): 85-100.

[77] Moseley, F. Reply to Gehrke [J]. Review of Political Economy, 2011, 23 (2): 307-315.

[78] Nikaido, H. Convex Structures and Economic Theory [M]. New York and London: Academic Press, 1968.

[79] Parinello, S. Capacity utilization, obsolete machines and effective demand, in Giuseppe Freni, Heinz D. Kurz, Andrea Mario Lavezzi and Rodolfo Signorino (eds). Economic Theory and Its History: Essays in Honour of Neri Salvadori [C]. London and New York: Routledge, 2016.

[80] Parinello, S. Exhaustible natural resources and the classical method of long-period equilibrium, in J. Kregel (ed). Distribution, Effective Demand and International Economic Relations [C]. London: Macmillan, 1983.

[81] Parinello, S. The price of exhaustible resources [J]. Metroeconomica, 2001, 52 (2): 301-315.

[82] Parinello, S. Sraffa's legacy in economics: Some critical notes [J]. Metroeconomica, 2002, 53 (3): 242-260.

[83] Parinello, S. The notion of effectual supply and the theory of normal prices with exhaustible natural resources [J]. Economic Systems Research, 2004, 16 (3): 311-322.

[84] Pasinetti, L. L. Changes in the rate of profit and switches of techniques [J]. The Quarterly Journal of Economics, 1966, 80 (4): 503-517.

[85] Pasinetti, L. L. The notion of vertical integration in economic analysis [J]. Metroeconomica, 1973, 25 (1): 1-29.

[86] Pasinetti, L. L. Lectures on the Theory of Production [M]. Colum-

bia University Press, 1977.

[87] Pasinetti, L. L. (ed). Essays on the Theory of Joint Production [C]. London: Macmillan, 1980.

[88] Pasinetti, L. L. Introductory note: Joint production, in Pasinetti (ed). Essays on the Theory of Joint Production [C]. London: Macmillan, 1980.

[89] Petri, F. The difference between long-period and short-period general equilibrium and the capital theory controversy [J]. American Economic Papers, 1978, 17 (31): 246 – 260.

[90] Petri, P. Should the theory of endogenous growth be based on Say's law and the full employment of resources? in Salvadori (ed). The Theory of Economic Growth: A 'Classical' Perspective [C]. Cheltenham and Northampton: Edward Elgar, 2003.

[91] Petri, F. General Equilibrium, Capital and Macroeconomics: A Key to Recent Controversies in Equilibrium Theory [M]. Cheltenham: Elgar, 2004.

[92] Petri, F. On some aspects of the debate on the gravitation of market prices to long-period prices, in R. Ciccone, C. Gehrke and G. Mongiovi (eds). Sraffa and Modern Economics [C]. London and New York: Routledge, 2011.

[93] Potestio, P. The aggregate neoclassical theory of distribution and the concept of a given value capital: Towards a more general critique [J]. Structural Change and Economic Dynamics, 1999, 10 (3 – 4): 381 – 394.

[94] Potestio, P. The aggregate neoclassical theory of distribution and the concept of a given value capital: A counter-reply [J]. Structural Change and Economic Dynamics, 2001, 12 (4): 487 – 490.

[95] Potestio, P. The aggregate neoclassical theory of distribution and the concept of a given value capital: Towards a more general critique, in Ciccone, R., Gehrke, C., Mongiovi, G. (eds). Sraffa and Economic Theory [C]. Vol. I. London: Routledge, 2011.

[96] Potier, Jean-Pierre. Piero Sraffa—Unorthodox Economist (1898 – 1983): A Biographical Essay [M]. London and New York: Routledge, 2005.

[97] Quadrio-Curzio, A. Rent, income distribution and orders of efficiency and rentability, in Pasinetti (ed). Essays on the Theory of Joint Production [C]. London: Macmillan, 1980.

[98] Ravagnani, F. Classical theory and exhaustible natural resources: notes on the current debate [J]. Review of Political Economy, 2008, 20 (1): 79 – 93.

[99] Robinson, J. The production function and the theory of capital [J]. The Review of Economic Studies, 1953 – 1954, 21 (2): 81 – 106.

[100] Roncaglia, A. Sraffa and the Theory of Prices [M]. New York: John Wiley and Sons, 1978.

[101] Roncaglia, A. The Wealth of Ideas [M]. Cambridge: Cambridge University Press, 2005.

[102] Roncaglia, A. Piero Sraffa [M]. London: Macmillan, 2009.

[103] Salvadori, N. Existence of cost-minimizing systems within the Sraffa Framework [J]. Journal of Economics, 1982, 42 (3): 281 – 298.

[104] Salvadori, N. On a new variety of rent [J]. Metroeconomica, 1983, 35 (1 – 2): 73 – 85.

[105] Salvadori, N. Switching in methods of production and joint production [J]. The Manchester School, 1985, 53 (2), 156 – 178.

[106] Salvadori, N. Land and choice of techniques within the Sraffa's framework [J]. Australian Economic Papers, 1986, 25 (46): 94 – 105.

[107] Salvadori, N. Fixed capital within the Sraffa framework [J]. Journal of Economics, 1988, 48 (1): 1 – 17.

[108] Salvadori, N. Fixed capital within a von Neumann-Morishima model of growth and distribution [J]. International Economic Review, 1988, 29

(2): 341-351.

[109] Salvadori, N. Transferable machines with uniform efficiency paths, in Mongiovi G. and Petri F. (eds). Value, Distribution and Capital. Essays in Honour of Pierangelo Garegnani [C]. London and New York: Routledge, 1999.

[110] Salvadori, N and Steedman, I (eds). Joint Production of Commodities [C]. London: Edward Elgar, 1990.

[111] Samuelson, P. A. Abstract of a theorem concerning substitutability in open leontief model, in Koopmans, T. C (ed). Activity Analysis of Production and Allocation [C]. New York: John Wiley & Sons, 1951.

[112] Samuelson, P. A. A summing up [J]. Quarterly Journal of Economics, 1966, 80 (4): 568-583.

[113] Schefold, B. Fixed capital as a joint product and the analysis of accumulation with different forms of technical progress, in Pasinetti (ed). Essays on the Theory of Joint Production [C]. London: Macmillan, 1980.

[114] Schefold, B. Mr Sraffa on Joint Production and Other Essays [M]. London: Unwin Hyman, 1989.

[115] Schefold, B. Normal Prices, Technical Change and Accumulation [M]. London: Palgrave Macmillan, 1997.

[116] Schefold, B. Critique of the corn-guano model [J]. Metroeconomica, 2001, 52 (2): 316-328.

[117] Schefold, B. Approximate surrogate production functions [J]. Cambridge Journal of Economics, 2013, 37 (5): 947-983.

[118] Serrano, F. Long period effective demand and the Sraffian supermultiplier [J]. Contributions to Political Economy, 1995, 14 (1): 67-90.

[119] Serrano, F. and Freitas, F. The Sraffian supermultiplier as an alternative closure for heterodox growth theory [J]. European Journal of Economics

and Economic Policy: Intervention, 2017, 14 (1): 70-91.

[120] Serrano, F, Freitas, F, Bhering, G. The trouble with Harrod: the fundamental instability of the warranted rate in the light of the Sraffian supermultiplier [J]. Metroeconomica, 2019, 70 (2): 263-287.

[121] Skott, P. Autonomous demand, Harrodian instability and the supply side [J]. Metroeconomica, 2017, 70 (2): 233-246.

[122] Slade-Caffarel, Y. The nature of heterodox economics revisited [J]. Cambridge Journal of Economics, 2019, 43 (3): 527-539.

[123] Solow, R. Competitive valuation in a dynamic input-output system [J]. Econometrica, 1959, 27 (1): 30-53.

[124] Solow, R. The economics of resources or the resources of economics [J]. The American Economic Review, 1974, 64 (2): 1-14.

[125] Solow, R. Reflections on growth theory, in P. Aghion and S. Durlauf (eds). Handbook of Economic Growth [K]. Vol. 1. Amsterdam: North Holland-Elsevier, 2005.

[126] Steedman, I. Trade Amongst Growing Economies [M]. Cambridge: Cambridge University Press, 1979.

[127] Steedman, I. Sraffian Economics [C]. England: Edward Elgar, 1989.

[128] Steedman, I. The empirical importance of joint production, in Salvadori, N. and Steedman, I. (eds). Joint Production of Commodities [C]. London: Edward Elgar, 1990.

[129] Sraffa, P. Production of Commodities by Means of Commodities. Prelude to a Critique of Economic Theory [M]. Cambridge: Cambridge University Press, 1960.

[130] Stiglitz, J. E. Non-substitution theorems with durable capital goods [J]. The Review of Economic Studies, 1970, 37 (4): 543-553.

[131] Varri, P. Prices, rate of profit and life of machines in Sraffa's fixed

capital model, in Pasinetti (ed). Essays on the Theory of Joint Production [C]. London: Macmillan, 1980.

[132] Zambelli, S. Production of commodities by means of commodities and non-uniform rates of profits [J]. Metroeconomica, 2018, 69 (4): 791 – 819.